OS SETE ELEMENTOS ESSENCIAIS DA GESTÃO

Blucher

Arnaldo Silva Neto
Danilo Piccolo Silva

OS SETE ELEMENTOS ESSENCIAIS DA GESTÃO

Os sete elementos essenciais da gestão

Arnaldo Silva Neto, Danilo Piccolo Silva

Imagem da capa: iStockphoto

Blucher

Rua Pedroso Alvarenga, 1245, 4º andar
04531-934 – São Paulo – SP – Brasil
Tel.: 55 11 3078-5366
contato@blucher.com.br
www.blucher.com.br

Segundo Novo Acordo Ortográfico, conforme 5. ed. do *Vocabulário Ortográfico da Língua Portuguesa*, Academia Brasileira de Letras, março de 2009.

Dados Internacionais de Catalogação na Publicação (CIP)
Angélica Ilacqua CRB-8/7057

Silva Neto, Arnaldo
Os sete elementos essenciais da gestão / Arnaldo Silva Neto, Danilo Piccolo Silva. – 1. ed. – São Paulo : Blucher, 2020.
192 p. il.

Bibliografia
ISBN 978-65-5506-049-2 (impresso)
ISBN 978-65-5506-053-9 (eletrônico)

1. Gestão. 2. Administração. I. Título. II. Silva, Danilo Piccolo.

20-0438 CDD 658.6

Índices para catálogo sistemático:
1. Gestão

Às nossas pequenas famílias, pelo incentivo para que colocássemos em palavras aquilo que aprendemos em muitos anos de trabalho, compartilhando um pouco do que tantos nos ensinaram.

Agradecimentos

Gostaríamos de agradecer a algumas pessoas que foram importantes para que este projeto se tornasse realidade.

Aos professores do Programa de Pós-Graduação em Engenharia de Processos Aplicada a Projetos Industriais do Instituto Mauá de Tecnologia, em especial aos drs. Efraim Cekinski, Luciano Ribeiro e Julio Lucchi.

Ao pró-reitor acadêmico do Instituto Mauá de Tecnologia, dr. Marcello Nitz, que apoiou este projeto com muito entusiasmo.

Aos colegas de trabalho da Reunion Engenharia, da Eletropaulo (hoje Enel), da Secretaria de Energia e Mineração do Estado de São Paulo e do Instituto Mauá de Tecnologia.

Ao Rogério Pereira Jorge, pelas sugestões construtivas e pela parceria.

Aos nossos alunos de graduação e pós-graduação, que serviram de inspiração para este livro.

À prof.ª me. Eunice Piccolo Silva, pelas cuidadosas revisões de texto, pelas sugestões magistrais de redação e estilo e pelo carinho e paciência de ler muitas vezes (e de nos ouvir falar do livro).

Por último, somos gratos à vida por ter nos proporcionado a alegria e o orgulho de podermos publicar um trabalho feito por pai e filho.

Agradecimentos

Prefácio

Este trabalho é dedicado aos profissionais que ocupam uma posição de gestão, formal ou informal, e àqueles que cedo ou tarde terão esse desafio pela frente.

Seu propósito é compartilhar, de forma prática e objetiva, as experiências vividas e tudo que foi aprendido com os mestres da gestão empresarial, professores de cursos de especialização, pós-graduação, MBA e mestrado, colegas de trabalho, superiores, clientes, equipes e alunos.

Poucas são as ocasiões em que, ao assumir uma posição de gestão em uma organização, fruto da dedicação e competência demonstradas ao longo do tempo, o profissional tenha acumulado conhecimentos na formação acadêmica e na vida prática que atenderão às demandas de seu novo desafio.

Até então, o desempenho técnico e os comportamentos cooperativos e participativos eram suficientes para garantir resultados apreciados e reconhecidos pela empresa, mas, em uma posição de gestor, novos ingredientes entram na equação. Afinal, a tarefa não será mais a de executar bem o trabalho, mas a de levar um grupo de pessoas a atingir metas e objetivos desafiadores.

Essa posição na hierarquia organizacional requer a navegação por novas áreas de conhecimento para as quais o profissional, de forma geral, não foi preparado. Questões como estratégias empresariais, sistemas de gestão, liderança, comunicação, desenvolvimento de pessoas, custeio, orçamentos, resultados financeiros, definição de metas e outras tantas passam a fazer parte da vida do novo gestor. Oferecer suporte aos atuais, aos novos e aos futuros gestores, por meio da apresentação concisa da essência dos principais temas que passarão a fazer parte de seu universo, é o propósito desta publicação.

Poucos são os livros que apresentam uma abordagem geral e sintética sobre o elenco de conhecimentos demandados de um gestor. O que se encontram nas livrarias são obras dedicadas a temas específicos, como liderança, estratégia ou finanças.

Isso não significa qualquer crítica a essas publicações, que invariavelmente são ricas em conteúdo e representam o resultado de muito tempo de trabalho e aprendizado de seus autores. Delas procurou-se extrair a essência das ideias para propiciar ao gestor uma visão preliminar abrangente e multidisciplinar.

Destaque-se que a elaboração deste livro sobre questões essenciais para os gestores, teve inspiração na coleção *Harvard Business Essentials* intitulada *Manager's Toolkit – The 13 Skills Managers Need to Succeed.* Embora os assuntos apresentados e a forma de abordagem sejam distintos, a obra publicada pela Harvard tem propósitos semelhantes aos deste livro.

Procurando facilitar a compreensão das discussões apresentadas neste livro, há QR Codes dispostos em praticamente todos os capítulos. Ao acessar tais recursos, por aplicativos para celulares ou tablets, o leitor será conduzido a artigos, vídeos, slides ou tabelas ilustrativas do tema em discussão.

Que seja proveitoso!

Conteúdo

INTRODUÇÃO: CONHECIMENTOS NECESSÁRIOS AO GESTOR

Não é incomum encontrar excelentes profissionais em suas especialidades que, ao assumirem uma posição de gestão na empresa, apresentam desempenho abaixo do esperado. O pior é que, invariavelmente, essas pessoas sentem-se pressionadas, estressadas, inseguras, angustiadas e muitas vezes chegam a adoecer por causa disso.

Efetivamente, não é um momento fácil na vida de qualquer profissional, particularmente dos mais jovens. O domínio dos processos de suas áreas de conhecimento, que representava para eles a chamada "zona de conforto", já não se mostra mais suficiente, e poucas vezes existe um trabalho de preparação ou ao menos um orientador designado para ajudá-los.

Para suprir essa lacuna, talvez o melhor caminho seja oferecer uma visão abrangente dos elementos que o gestor deverá dominar com o tempo.

A experiência acumulada por muitos profissionais que ocuparam cargos de ponta na gestão de diferentes organizações indica 7 elementos essenciais, mostrados na Figura 1.

Figura 1 Os elementos essenciais necessários ao gestor.

Para discutir um pouco essas questões, é necessário antes homogeneizar o conceito do que chamamos de gestor. Inúmeras publicações afirmam que as empresas deveriam buscar líderes, e não gerentes, classificando estes últimos como o estereótipo do profissional que coloca os resultados acima de qualquer coisa, o que levaria à frustração das pessoas e à impossibilidade de sustentação do desempenho ao longo do tempo.

De outro lado, líderes conquistam o comprometimento das equipes e a confiança das pessoas, o que possibilita o altamente desejável alinhamento voluntário dos esforços em uma mesma direção e a manutenção de desempenhos elevados e duradouros.

Contudo, ainda que a liderança seja uma característica essencial para o novo gestor, ela não se mostra suficiente. É necessário associá-la a ações típicas de gerenciamento para que os processos estejam tecnicamente bem definidos e controlados, o impacto sobre os resultados do negócio torne-se o alvo da equipe e todas as ações sejam compatíveis com os princípios e diretrizes da organização.

Por essas razões, os gestores devem mostrar-se capazes de desenvolver habilidades para liderar pessoas e gerenciar processos de forma alinhada com o negócio, sem que isso signifique abandonar os conhecimentos técnicos específicos de sua formação acadêmica.

Em resumo:

Gestor = Liderança + Gerência de processos + Formação acadêmica + Condução de negócios

A escalada na hierarquia organizacional levará a uma maior ou menor aplicação dos conhecimentos de cada um desses elementos, mas nenhum deles torna-se descartável.

Feitos esses esclarecimentos iniciais, pode-se focalizar a abordagem na exploração do significado e abrangência de cada um desses elementos essenciais que devem ser objeto de aprendizado do gestor.

Elemento 1 – A organização

Conhecer a organização, sua filosofia de vida, seus objetivos e seu papel na sociedade como provedora de utilidades permite que o novo gestor tenha uma visão compatível com os requisitos da posição recém-assumida e o contexto em que se encontra: a tarefa e a natureza da administração empresarial e os elementos do sistema de gestão.

Elemento 2 – Estratégia

Analisar e compreender o posicionamento estratégico que a empresa precisa ter para ser competitiva em um ambiente concorrencial cada vez mais severo permitirá ao gestor orientar e alinhar os esforços e iniciativas de sua equipe na direção desejada.

Elemento 3 – Liderança de pessoas

Pessoas fazem as empresas, e a forma como são lideradas tem se mostrado determinante para que atinjam elevados níveis de desempenho.

Entender os fundamentos das necessidades humanas, o perfil de condução mais adequado para cada grupo e situação, os mecanismos de desenvolvimento de equipes e os elementos de motivação e desmotivação constituem algumas das questões relacionadas à liderança de pessoas que precisam da compreensão, prática e domínio do gestor.

Essa arte demanda tempo, dedicação, paciência e coragem para errar e aprender com os erros, mas todos na organização esperam que o gestor esteja preparado para esse desafio.

Elemento 4 – Gerenciamento de processos

Como foi dito, pessoas são lideradas e processos são gerenciados.

Processos demandam planejamento, implantação, controle, avaliação e correção permanente. Isso exige o conhecimento dos objetivos a serem atingidos e das condições de contorno: produtos ou serviços que devem resultar desses processos, recursos necessários, prazos pactuados e níveis de qualidade requeridos.

De acordo com uma conhecida expressão atribuída a W. E. Deming, "o que não for medido não pode ser gerenciado". Por isso, indicadores de controle e de verificação são elementos de um painel que permite avaliar o desempenho do processo, o qual deve ter cuidadosa definição e acompanhamento regular para identificar eventuais desvios de rota.

A atuação sobre causas desses desvios de rota, utilizando técnicas de análise e solução de problemas, permite a priorização das ações, a melhoria contínua dos processos e o alcance de resultados que poderão conduzir à superação das expectativas.

Elemento 5 – Fundamentos de finanças

Empresas têm compromissos ambientais, sociais e de satisfação de seus clientes, entre outros. Contudo, honrar esses compromissos não se tornará viável se a empresa não tiver o desempenho financeiro necessário.

Isso significa que os gestores de todas as áreas da empresa não poderão ficar alheios às questões de finanças, necessitando ter conhecimentos sobre os principais conceitos e práticas da matéria.

Esse é um tema vasto, em geral dominado pelos profissionais formados em Economia e Ciências Contábeis, mas os gestores, independentemente da formação básica, deverão participar de discussões como elaboração de orçamentos de operação (OPEX) e de investimentos (CAPEX), análises de custos, ponto de equilíbrio do negócio, análise de viabilidade econômico-financeira de empreendimentos e gerenciamento do caixa, entre outros.

Assim, compreender esses conceitos e fundamentos, sabendo adequadamente como aplicá-los, faz parte do arsenal necessário ao novo gestor.

Elemento 6 – Negócios: planos e modelos

Os conhecimentos dos elementos apresentados anteriormente fazem parte do cotidiano do gestor, mas certas condições não rotineiras e de grande importância para as empresas exigem conhecimentos específicos. Trata-se da modelagem e do desenvolvimento de previsões de negócios atuais ou novos. Duas metodologias merecem especial destaque:

- Modelo de negócio, ou *canvas* – envolve a identificação e a definição dos componentes centrais de um empreendimento: segmento de clientes, proposta de valor, canais de distribuição, relacionamento com clientes, fontes de receita, recursos principais, atividades-chave, principais parcerias e custos.
- Plano de negócio – refere-se à coleta de informações e análise sobre o potencial do novo negócio de gerar resultados financeiros, característica do empreendedorismo e da busca de crescimento das empresas, propiciando a tomada de decisões (investir ou não).

Embora as denominações sejam muito parecidas, "plano de negócios" e "modelo de negócios" são abordagens complementares.

Elemento 7 – Elementos de gestão de projetos

A implantação de projetos constitui parte da rotina na vida das organizações, quase sempre com o objetivo de viabilizar o aproveitamento de oportunidades para maximizar seus resultados, ou de avançar em sua posição competitiva pela melhoria de seus produtos e serviços ou redução de seus custos.

Apesar da frequência dessas iniciativas, em boa parte dos casos os projetos excedem prazos, extrapolam os custos, não entregam o que foi prometido e, não raras vezes, são abandonados no meio do caminho, o que representa expressiva perda de recursos e esforços.

Usualmente é atribuída a um gestor a responsabilidade pela implantação desse tipo de iniciativa, o que torna imprescindível que as pessoas em posição de liderança conheçam os fundamentos de gestão de projetos para poder conduzi-los com sucesso.

Vale ainda uma última observação sobre a formação técnica específica: assumir uma posição na estrutura formal ou informal da organização não significa que os conhecimentos adquiridos durante sua formação acadêmica deixem de ter importância. Ao contrário, um profissional com sólidos conhecimentos específicos de sua área de formação terá uma posição vantajosa para conquistar a confiança de sua equipe de trabalho. Ocorre, porém, que o domínio dos fundamentos técnicos continua a ser uma questão necessária, mas está longe de ser suficiente.

Os elementos abordados representam uma visão genérica do universo de competências e habilidades que o novo gestor precisará desenvolver. Assemelha-se a um voo panorâmico sobre uma floresta, que possibilita a noção de sua vastidão, seu adensamento, sua hidrografia e seus obstáculos naturais. Conhecer realmente a floresta requer mais que isso. Faz-se necessário atravessá-la e olhar um pouco mais de perto as árvores, os rios e as montanhas.

É isso que será feito nas próximas etapas.

ELEMENTO 1

A ORGANIZAÇÃO

1.1 A RAZÃO DE SER DAS EMPRESAS

Existem várias visões sobre as finalidades das empresas. Para os economistas, as empresas são agentes econômicos; para os cientistas sociais, organizações humanas; para os educadores, agentes de treinamento e desenvolvimento; para o poder público, fontes de geração de empregos e pagamento de impostos; para outros, apenas exploradoras dos trabalhadores e geradoras de inflação.

O fato é que a finalidade para a qual uma empresa existe constitui a essência de sua vida, define seus rumos e objetivos, estabelece suas práticas e serve de critério de avaliação para seu desempenho.

1.1.1 A FINALIDADE DAS EMPRESAS NA VISÃO ECONÔMICA

De todas as visões sobre a finalidade das empresas, a predominante ainda é a decorrente da teoria econômica tradicional, que define que o papel delas é o de um agente econômico cujo principal objetivo está relacionado à geração de lucros.

Segundo essa abordagem, a empresa obtém e transforma os insumos (recursos materiais, humanos, tecnológicos e financeiros) em produtos acabados (bens e/ou serviços) que são transacionados no mercado por meio da lei da oferta e da procura.

Segundo a visão econômica, as decisões que o empresário toma para criar e manter seu empreendimento baseiam-se exclusivamente na relação entre o investimento realizado e o retorno desse capital.

Essa visão clássica, ainda que prevaleça em muitas empresas, não caracteriza de forma completa o seu papel na sociedade e sua razão de ser.

De fato, a obtenção de lucro é fundamental para a existência e sobrevivência da empresa, mas sua longevidade envolve muitos outros fatores, como a interação ativa e responsável com o ambiente externo em que atuam e o cumprimento de compromissos e responsabilidades com seus acionistas e colaboradores.

1.1.2 AS FINALIDADES DAS EMPRESAS FEITAS PARA DURAR

Empresas válidas são a materialização dos sonhos de seus criadores e carregam consigo desejos de que sejam eternas.

As finalidades de uma organização criada com a expectativa de longevidade compreendem a função que ela desempenha na sociedade, as características do que produz, para quem produz, como obtém e usa os recursos necessários para sua operação e as condições que orientam sua atuação.

Em outras palavras, a verdadeira função de uma empresa feita para durar é atender continuamente às necessidades e aos desejos humanos, disponibilizando produtos e serviços para a melhoria da qualidade de vida das pessoas e participando ativamente do desenvolvimento da sociedade a que serve.

Ao prover a sociedade com utilidades de que ela necessita para sua sobrevivência, bem-estar e prosperidade, as organizações passam a ser mais que agentes econômicos. Tornam-se propulsoras do progresso e da riqueza social. Para essas empresas, o lucro não é um fim, mas um meio para que elas sobrevivam, cresçam e continuem a prestar sua contribuição social.

No ambiente mais amplo, empreendimentos feitos para durar também mantêm relações que não se limitam aos consumidores das utilidades que produzem, envolvendo entidades governamentais e representativas da sociedade, que não são clientes de suas utilidades, mas de seus padrões de conduta.

Em síntese, do ponto de vista externo, as empresas são agentes de prosperidade e de desenvolvimento social, destinadas a prover a sociedade de utilidades de que as pessoas e as empresas necessitam ou desejam. Para isso, a sociedade coloca à sua disposição os recursos necessários, mas estabelece um conjunto de condições sobre seus padrões de comportamento dos pontos de vista legal, cultural, político, econômico, ético e ambiental.

Do ponto de vista interno, as organizações devem ser capazes de produzir resultados que satisfaçam as expectativas e necessidades de seus empreendedores e colaboradores, praticando padrões de conduta compatíveis com as crenças, valores e princípios por eles compartilhados.

Desse modo, o desafio das empresas feitas para durar é atender continuamente, simultaneamente e de forma cada vez mais eficiente e eficaz tanto as finalidades externas como as internas, conforme ilustrado na Figura 1.1. Isso exige a busca permanente da excelência por meio do desenvolvimento de processos, pessoas, controles, estratégias e recursos, bem como pela evolução de resultados.

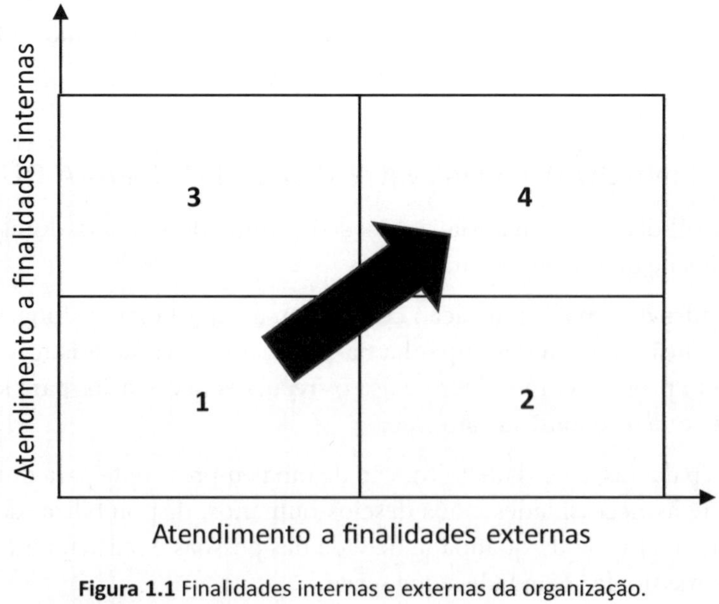

Figura 1.1 Finalidades internas e externas da organização.

O QR Code 1A leva ao vídeo sobre o tema, que convida o visitante a refletir sobre a razão de existir de uma empresa por meio da busca de respostas para quatro perguntas fundamentais.

QR Code 1A – Por que sua empresa existe?

http://livro.link/elementos1a

1.2 TEORIAS DA ADMINISTRAÇÃO

Teoria geral da administração, ou TGA, é a denominação dada ao conjunto de conhecimentos a respeito das organizações e do processo de gestão, sendo composta por princípios, proposições e técnicas em permanente elaboração e que têm o objetivo de gerar desenvolvimento, efetividade, produtividade e lucro.

A palavra administração tem origem nos termos em latim *ad*, direção, e *minister*, subordinação ou obediência, e o conceito remete ao ato de gerenciar negócios, pessoas ou recursos com o objetivo de alcançar metas definidas. A história da administração remonta a 5.000 a.C., quando os habitantes da Suméria procuravam melhorar a maneira de resolver seus problemas, o que tem sido reconhecido como as primeiras aplicações da arte de administrar. Depois disso, há registros de sua aplicação na área pública do antigo Egito e na China, em 500 a.C., na organização do governo imperial. Algumas publicações destacam a Igreja Católica Apostólica Romana e as organizações militares como exemplos históricos da aplicação dos princípios de administração.

As teorias administrativas tiveram sua importância reconhecida a partir da Revolução Industrial, quando a possibilidade de fabricar em larga escala tornou indispensável a organização e o controle da produção. Isso levou aos primeiros estudos sobre a administração como ciência, que datam do final do século XIX e início do século XX, com o reconhecimento de que o desenvolvimento social e econômico passava pelas organizações e pela forma como eram conduzidas.

A administração de empresas evoluiu com o avanço do sistema capitalista e continua avançando de acordo com as tendências produtivas e de consumo. Com isso, surgiram diversas teorias sobre as melhores formas de gerenciar uma organização, compondo a teoria geral da administração.

Para chegar à administração moderna, o processo evolutivo foi conduzido de forma que a eficiência, a eficácia e a qualidade norteassem o cotidiano das empresas para a consecução dos seus objetivos. Como resultado, várias teorias foram propostas ao longo do tempo, considerando o contexto histórico e as escolas de pensamento.

Cronologicamente, a administração atravessou diversas fases:

- Fase artesanal: da Antiguidade até a Primeira Revolução Industrial.
- Fase da transição: Primeira Revolução Industrial, com a introdução das primeiras máquinas, substituindo o trabalho manual (de 1780 a 1860).
- Fase do desenvolvimento industrial: Segunda Revolução Industrial (de 1860 a 1914).
- Fase do gigantismo industrial: período entre as duas guerras mundiais (de 1914 a 1945).
- Fase moderna: do pós-guerra até a década de 1980.
- Fase da globalização: atual fase da administração (desde 1980).

As principais teorias desenvolvidas ao longo de pouco mais de cem anos são as seguintes:

- Teoria da administração científica ou taylorismo: criada por Frederick Taylor em 1903, ganhou esse nome por basear-se no estudo dos tempos e movimentos, contrapondo-se aos modelos empíricos até então existentes. Com ênfase nas tarefas, busca a racionalização do trabalho, de forma a garantir a maximização da produtividade. A teoria apresenta cinco princípios – planejamento; preparo; execução; padronização; cargos e suas respectivas tarefas – que são válidos até os dias de hoje.
- Teoria da burocracia: criada por Max Weber, fundamenta-se na racionalidade e na impessoalidade. A teoria caracteriza-se pela autoridade, formalidade, impessoalidade, hierarquia e divisão do trabalho, e permanece presente em grandes organizações, nas forças armadas e nos estados modernos.
- Teoria clássica: apresentada por Henri Fayol em 1916, enfatiza a estrutura organizacional e a departamentalização na busca da eficiência. A análise das tarefas de cada indivíduo cede lugar a uma visão global e universal da organização. Partindo da estruturação do todo, chega-se ao indivíduo por meio do desdobramento de funções técnicas, comerciais, financeiras, contábeis, de segurança e administrativas. Tem como fundamentos divisão e especialização do trabalho, autoridade e responsabilidade, disciplina, unidade de comando, unidade de direção, subordinação dos interesses individuais aos gerais, remuneração justa do pessoal, centralização, cadeia escalar de comando, ordem, senso de justiça, estabilidade do pessoal, iniciativa e espírito de equipe.
- Teoria das relações humanas: tem origem nos Estados Unidos logo após a depressão de 1929. Resulta do que ficou conhecido como "experiência de Hawthorne", uma pesquisa liderada por Elton Mayo em uma empresa de equipamentos e componentes telefônicos chamada Western Electric Company, cujo objetivo era identificar de que forma fatores como a luminosidade influenciavam a produtividade dos trabalhadores.

O estudo concluiu que o nível de produção é determinado muito mais pela integração social, pela motivação e por outros aspectos emocionais do que pela capacidade física dos operários. Essa conclusão passou a nortear o comportamento empresarial.

O QR Code 1B conduz a um vídeo que detalha o experimento desenvolvido por Mayo na empresa do bairro de Hawthorne, Chicago.

QR Code 1B – Experimento de Hawthorne

http://livro.link/elementos1b

- Teoria estruturalista: surgiu por volta da década de 1950 como uma tentativa de conciliar as teses propostas pela teoria clássica e pela teoria das relações humanas. Os autores estruturalistas procuram inter-relacionar as empresas com seu ambiente externo, representado pela sociedade e outras organizações, dando origem ao conceito do homem organizacional – o profissional com características modernas, como flexibilidade, tolerância e desejo de realização.

  A teoria estruturalista baseia-se no pressuposto de que as organizações devem formar um sistema único, composto por partes que interagem e se complementam. Isso significa que a empresa deve ser maior que a mera justaposição dos departamentos que a compõem.
- Teoria neoclássica: também elaborada na década de 1950, retomou os conceitos da administração científica e da teoria clássica, devidamente atualizados e redimensionados, como forma de fazer frente aos desafios do crescimento expressivo das empresas e aos problemas administrativos da época. Tendo em Peter Drucker uma de suas principais referências, a teoria tem ênfase na prática administrativa, na gestão, nos objetivos e nos resultados.
- Teoria comportamental: trouxe para os estudos da administração os conceitos do comportamento humano, sendo considerada um amadurecimento da teoria das relações humanas em que predominam visões mais pragmáticas baseadas em teses como a hierarquia das necessidades de Maslow. Caracteriza-se pela ênfase nas pessoas, no comportamento organizacional, nos processos de trabalho e nos fatores motivacionais para melhorar a qualidade de vida dentro das empresas.

- Teoria da contingência: decorre de pesquisas que apontam a influência do ambiente externo sobre a organização, sugerindo a não existência de uma forma ideal de administração. As contingências do mundo exterior, incluindo os avanços tecnológicos, oferecem oportunidades e imperativos ou restrições e ameaças, que influenciam a estrutura organizacional e os processos internos das empresas, exigindo adaptabilidade às incertezas, como cenários de crise, ou à situação de mercado, para superá-las de maneira eficaz e eficiente.

O Quadro 1.1 a seguir resume a correspondência entre cada uma dessas abordagens e a dimensão que enfatizam.

Quadro 1.1 Relação entre ênfase e teoria administrativa

Ênfase	Teoria administrativa
Tarefas	Administração científica
Estrutura	Teoria clássica
	Teoria neoclássica
	Teoria burocrática
	Teoria estruturalista
Pessoas	Teoria das relações humanas
	Teoria comportamental
Ambiente	Teoria da contingência

Como toda ciência, a administração sofreu e continuará a sofrer atualizações, particularmente neste momento em que a tecnologia avança com rapidez e a concorrência torna-se cada vez mais global e intensa.

A evolução das empresas tem levado a inovações em modelos de produção, sistemas de programação, sistemas de gestão voltados à excelência e mesmo em termos de cultura organizacional, o que certamente resultará em novas teorias sobre administração.

1.3 A TAREFA DA GESTÃO

A gestão é o fator estratégico para o desenvolvimento empresarial.

No século XIX, os europeus atribuíam aos equipamentos industriais americanos a capacidade das empresas estadunidenses de produzir e vender mundialmente produtos a preços muito competitivos. Embora a indústria da Europa tenha adotado técnicas de produção semelhantes às americanas, os resultados não foram os mesmos. Isso levou os empreendedores europeus a estudar a questão mais profundamente, chegando então à conclusão de que a vantagem competitiva também se devia à forma como as fábricas americanas eram organizadas e administradas.

Já no século XX, o Japão transformou-se de um país destruído após a Segunda Guerra Mundial em uma das maiores economias do mundo, o que ocorreu em função do desenvolvimento empresarial japonês, destacado pelas inovações e práticas no campo da gestão.

Como consequência dessa evolução e aprendizado, as empresas contemporâneas têm na excelência de sua administração o principal alicerce para sua competitividade, tornando menor a dependência de avanços tecnológicos cada vez mais acessíveis a qualquer concorrente.

A administração não é um departamento ou um cargo. Está associada a uma gama de atividades, como planejamento, coordenação, organização, controle e motivação, que são aplicáveis a todas as áreas da organização. Embora façam parte da tarefa de administrar, essas atividades constituem os meios, mas não revelam a essência da função da administração: promover ações para a consecução dos resultados empresariais.

Portanto, compete à administração a identificação de maneira permanente das expectativas externas e internas da empresa e o direcionamento do empreendimento para a obtenção de resultados que atendam a essas expectativas. Os resultados externos materializam-se na disponibilização de utilidades que satisfazem as necessidades dos clientes e nos padrões de conduta empresarial aceitos pela sociedade. Já os resultados internos refletem as realizações que atendem aos motivos e necessidades de empreendedores e colaboradores, bem como a princípios e valores coerentes com suas convicções.

A tarefa da administração deve também refletir os esforços necessários para a integração de vários componentes tangíveis e intangíveis do empreendimento em direção à realização dos resultados: objetivos, princípios, valores, equipamentos, materiais, máquinas, sistemas, atividades, processos, pessoas, conhecimentos, experiências e comportamentos.

Nesse contexto, oito funções podem ser consideradas como as mais estratégicas da administração:

- criar produtos e serviços de valor;
- conquistar e manter clientes satisfeitos;
- promover a capacidade de evolução deliberada;
- atrair, desenvolver e manter talentos;
- construir e manter relações significativas;
- usar recursos produtivamente;
- praticar princípios de conduta aceitos;
- obter lucro.

1.3.1 CRIAR PRODUTOS E SERVIÇOS DE VALOR (UTILIDADES)

Os produtos (bens e serviços) devem atender a um requisito básico para se tornarem utilidades: satisfazer as necessidades explícitas e implícitas de pessoas representativas da sociedade, ou seja, os clientes.

Assim, o primeiro passo da organização é selecionar quais requisitos dos consumidores serão seu alvo e criar soluções para atendê-los, agregando valores tangíveis e intangíveis ao produto ou serviço, como durabilidade, segurança, facilidade de uso, aparência, beleza, confiabilidade, simpatia e cordialidade no atendimento etc.

O passo seguinte é produzir esses produtos e colocá-los à disposição da sociedade.

1.3.2 CONQUISTAR E MANTER CLIENTES SATISFEITOS

A empresa só existirá se houver pessoas dispostas a usar e pagar pelas utilidades que ela produz, o que significa que é necessário atrair e manter clientes fiéis.

Isso não significa buscar o atendimento das demandas da sociedade como um todo. Aliás, na maior parte das vezes, as empresas precisam selecionar que segmentos de mercado desejam e têm capacidade de atender, de modo que os produtos e serviços realmente representem utilidades.

A fidelidade dos clientes resulta de um conjunto de fatores, como a satisfação permanente de suas expectativas relacionadas à qualidade, ao atendimento, à disponibilidade, às garantias, à continuidade de fornecimento e, obviamente, ao preço pedido.

1.3.3 PROMOVER A CAPACIDADE DE EVOLUÇÃO DELIBERADA

As necessidades e expectativas dos clientes mudam à medida que novas utilidades se apresentam a ele, o que torna imperioso que as empresas criem e mantenham um processo deliberado e consciente de evolução.

Para esse processo, são necessárias três atitudes organizacionais simultâneas:

- Estar em busca permanente de conhecimento, o que envolve a educação e o compartilhamento das experiências e dos aprendizados obtidos na prática empresarial.
- Dispor de criatividade para inovar, não só em produtos e serviços, mas em todas as atividades desenvolvidas na organização, contribuindo para a competitividade, produtividade e rentabilidade.
- Ter predisposição para mudar. Ainda que existam riscos, a mudança quase sempre se torna uma necessidade natural para que novas demandas e anseios dos clientes sejam atendidos, assegurando a sobrevivência da empresa.

1.3.4 ATRAIR, DESENVOLVER E MANTER TALENTOS

São as pessoas que criam, desenvolvem e mantêm as empresas. Com a crescente automação dos processos, as empresas passaram a depender cada vez mais de colaboradores que dominem o conhecimento e tenham talento para identificar e implantar as ações que permitam a realização das finalidades empresariais. Essas habilidades representam um trabalho intelectual que se desenvolve por meio do conhecimento, da experiência, da criação, da inovação e da mudança.

A preservação e o crescimento do patrimônio de talentos exigem que a empresa propicie oportunidades de crescimento para seus colaboradores, por meio da educação, da prática, do uso e do desenvolvimento de suas potencialidades.

1.3.5 CONSTRUIR E MANTER RELAÇÕES SIGNIFICATIVAS

A operação de uma empresa pode ser definida como o exercício de relações internas e externas, envolvendo clientes, empreendedores, colaboradores, fornecedores, entidades representativas de classe da sociedade, governo, concorrentes, entre outros.

O sucesso do empreendimento depende, em grande parte, de identificar as entidades internas e externas significativas para o negócio e construir relações permanentes e duradouras com elas.

1.3.6 USAR RECURSOS PRODUTIVAMENTE

De forma simplificada, produtividade pode ser definida como fazer mais coisas com os mesmos recursos e com menor esforço.

O uso dos recursos – tanto insumos como tempo e energia – representa um dos fatores mais críticos para os resultados empresariais. Aplicar tais recursos de forma mais produtiva depende de análise de oportunidades, inovação, criatividade, conhecimento, disposição para experimentação e mudança, além de outros requisitos comportamentais e técnicos.

1.3.7 PRATICAR PRINCÍPIOS DE CONDUTA ACEITOS

Todas as ações da empresa devem ser coerentes com o conjunto de seus princípios, crenças e valores, que por sua vez precisam não só atender à legislação vigente, como ser aderentes à cultura da sociedade a que serve. A credibilidade de uma organização vem da coerência entre seu discurso e sua conduta.

1.3.8 OBTER LUCRO

Um empreendimento precisa gerar lucros para assegurar sua sobrevivência e crescimento. Caso contrário, será inviável garantir sua contribuição ao progresso social.

O lucro deve ser suficiente para cobrir os riscos e as incertezas da atividade, mantendo a atratividade do negócio. Ele é a fonte de capital para preservar a integridade do patrimônio empresarial, repor o que está sendo desgastado, criar mais e melhores empregos, construir uma reserva para momentos difíceis, fortalecer a confiabilidade dos credores, atrair investidores, possibilitar a prosperidade e manter a vitalidade da organização.

Ao contrário do que prega a visão econômica clássica, a obtenção de lucro é essencial para a empresa, mas está longe de ser a única tarefa a cargo da gestão.

1.4 A NATUREZA DA ADMINISTRAÇÃO

A tarefa da gestão empresarial exige dedicação e visão específicas voltadas ao atendimento das diferentes demandas, além de um conjunto de requisitos para que possa ser bem executada.

Na promoção efetiva da contribuição para os resultados empresariais, destacam-se:

- Esforço intelectual: reflexão permanente e promoção da geração de ideias que orientem as atividades na direção da consecução de resultados. Por isso, o desempenho do gestor deve ser avaliado pela sua efetiva contribuição na produção de resultados, e não pela realização de tarefas.
- Responsabilidade abrangente: todas as funções têm a responsabilidade de contribuir para os resultados empresariais. A criação de utilidades não está restrita à engenharia; a conquista e manutenção de clientes não é função exclusiva da área de vendas ou marketing; o desenvolvimento e retenção de talentos não é atribuição somente da área de pessoas (antigamente conhecida como recursos humanos).
- Multidisciplinaridade: a gestão envolve um conjunto de aspectos de natureza diversificada – técnicos, humanos, econômicos, legais, estratégicos, ambientais e regulatórios, entre outros. Por isso, torna-se necessário que o gestor adquira conhecimentos em vários campos que afetam o negócio, a consecução dos resultados e a vida da organização.
- Planejamento, tempo e velocidade: a gestão está permanentemente ocupada com a implantação de ações que levem ao alcance dos resultados desejados – um processo que exige reflexão, avaliação e amadurecimento de ideias que gerem planos factíveis e efetivos. No entanto, a premência na adoção dessas medidas leva, muitas vezes, à adoção de medidas impulsivas e infrutíferas, ocasionando perda de energia e recursos, além de ansiedade e frustrações para todos os envolvidos. Na prática, a condução bem planejada de ações tem se mostrado mais veloz que iniciativas empreendidas sem a devida consistência.
- Urgência e importância: o gestor sempre enfrentará o dilema de dedicar-se às soluções dos problemas de hoje e o planejamento do futuro. Equilibrar o direcionamento de esforços entre essas duas demandas é um desafio e uma das habilidades necessárias ao gestor.
- Eficiência e eficácia: a gestão necessita zelar para que sejam feitas as coisas certas, o que significa ter eficácia; e necessita também zelar para que essas coisas sejam

desenvolvidas da forma correta, o que significa ter eficiência. É a combinação desses dois fatores que resulta em produtividade, qualidade e competitividade das organizações.

- Peculiaridades: de tempos em tempos a gestão empresarial é invadida por modismos. "Administração por objetivos", "orçamento base zero", "administração do tempo", "gestão participativa", entre outros temas, são alguns exemplos de conceitos e técnicas tradicionais de administração apresentados com uma nova roupagem. Isso não os invalida, nem significa que o gestor deva deixar de conhecer essas ondas que surgem, mas deve fazê-lo avaliando criticamente a aplicabilidade delas em sua organização.

1.5 ELEMENTOS DO SISTEMA DE GESTÃO

A gestão empresarial vem sendo objeto de estudos há muitas décadas. Como resultado desses esforços, desenvolveu-se um significativo conjunto de técnicas e conceitos que dão suporte ao gestor para a condução das atividades que compõem a tarefa empresarial. Exemplos: a definição da razão de ser da empresa; o planejamento, direção, organização, execução e controle das atividades; a preservação do bom ambiente e as relações entre as pessoas; obtenção de dados e informações para administração do negócio; mobilização de equipes etc.

Essas técnicas e conceitos podem ser agrupados, de acordo com a sua natureza, em sete elementos interdependentes e interligados, de modo a compor um todo organizado, formando o sistema do empreendimento.

A identificação desses elementos e de suas interações de forma a constituir um organismo único contribui para que o gestor compreenda a empresa de maneira abrangente, o que o ajuda a ter o entendimento necessário de seu papel direto e indireto na conquista dos objetivos organizacionais. Esses elementos estão sintetizados a seguir.

1.5.1 IDENTIDADE DO EMPREENDIMENTO

Envolve sua missão, propósito, visão e suas crenças, princípios e valores. Esses elementos devem ser explícitos e conhecidos por todos para que possam nortear sua conduta, tanto no ambiente externo como no interno.

A *missão* esclarece a razão de existir da empresa: por que seus empreendedores decidiram criá-la e mantê-la, a forma como a empresa vê sua contribuição à sociedade e a maneira como considera as expectativas de seus clientes, colaboradores e acionistas. Alguns exemplos de missão de empresas:

- Coca-Cola do Brasil: "Refrescar o mundo – em corpo, mente e espírito. Inspirar momentos de otimismo – por meio de nossas marcas e ações. Criar valor e fazer a diferença – onde estivermos e em tudo o que fizermos".
- Disney: "Alegrar as pessoas".

- Petrobras: "Prover energia que assegure prosperidade de forma ética, segura e competitiva".
- Fiat: "Desenvolver, produzir e comercializar carros e serviços que as pessoas prefiram comprar e tenham orgulho de possuir, garantindo a criação de valor e a sustentabilidade do negócio".[1]

Ao contrário do que possa parecer, a definição da missão de uma empresa está longe de ser uma tarefa simples. Ela vai muito além da criação de uma frase de efeito colocada em painéis que decoram as paredes dos escritórios e da área de produção.

A missão precisa ter a capacidade de inspirar pessoas, levando-as a perceber que fazem parte de um projeto ao qual vale a pena dedicar seus melhores esforços para atingir desempenhos além das expectativas.

O QR Code 1C ilustra a importância e o significado da definição da missão organizacional.

QR Code 1C – Missão

http://livro.link/elementos1c

O *propósito* define qual o negócio da empresa: que conjunto de utilidades ela se propõe a fornecer para satisfazer as necessidades de seus clientes – o que é muito mais amplo que seu rol de produtos e serviços.

A *visão* representa o que a organização almeja e onde ela pretende chegar, suas aspirações e expectativas para o futuro. É a visão que direciona o planejamento estratégico da empresa e impulsiona os projetos e as atividades empresariais. Alguns exemplos de visão organizacional:

- Duratex: "Ser empresa líder de classe mundial, atuando com responsabilidade social e ambiental nos segmentos de produtos de madeira reconstituída e de acabamento para construção civil, gerando retorno significativo e permanente aos acionistas e proporcionando aos colaboradores, clientes, consumidores, fornecedores e comunidades o sentimento de bem-estar, satisfação e realização".

1 As informações foram retiradas dos sites das empresas: https://www.cocacolabrasil.com.br/sobre-a-coca-cola-brasil/principios-e-valores; http://livro.link/waltdisney; http://livro.link/petrobras; https://www.fiat.com.br/institucional.html.

- Brasil Cacau: "Ser uma marca com espírito de liderança, que promete um forte e arrojado crescimento para atender com originalidade e de forma democrática todos os brasileiros, oferecendo produtos de qualidade a preços acessíveis".
- Mercedes-Benz: "Nosso objetivo é ser referência como empresa produtora e fornecedora brasileira dos melhores veículos comerciais, agregados, automóveis, componentes e serviços. Buscamos atender às necessidades e expectativas dos nossos clientes e criar valor para nossos acionistas e demais públicos com os quais nos relacionamos".[2]

As *crenças*, os *princípios* e os *valores* são os aspectos que definem a filosofia de vida de uma empresa: sua forma de fazer negócios e o código de conduta que os colaboradores devem seguir ao relacionar-se com clientes, fornecedores, acionistas, poder público, representantes da sociedade e colaboradores. Questões como ética, transparência, comprometimento, valorização da segurança e firmeza de propósitos em geral fazem parte da filosofia de vida das empresas.

Alguns exemplos de crenças, princípios e valores:

- Avon
  - Confiança
  - Respeito
  - Crença
  - Humildade
  - Integridade
- Banco Itaú
  - Só é bom para a gente, se for bom para o cliente
  - Simples. Sempre
  - Fanáticos por performance
  - Pensamos e agimos como donos
  - Gente é tudo para a gente
  - Ética é inegociável
  - O melhor argumento é o que vale
- Cacau Show
  - Ética, respeito e honestidade
  - Compromisso com o crescimento e resultados
  - Incentivo e reconhecimento ao desenvolvimento individual
  - Prática da inovação
  - Cuidado consigo mesmo, com os outros e com os detalhes

2 As informações foram retiradas dos sites das empresas: http://www.duratex.com.br/RAO/2008/port/missao.html; https://www.chocolatesbrasilcacau.com.br/quem-somos; https://www.mercedes-benz.com.br/institucional/empresa/visao-e-missao.

1.5.2 ESTRATÉGIA

Cabe à estratégia fornecer os instrumentos que dão a direção do negócio: linha de produtos e serviços, mercados, clientes, concorrentes, rentabilidade, prioridades, investimentos necessários, fontes de recursos e outras tantas decisões dessa natureza.

Assim, a estratégia tem a função de prover ferramentas que possibilitem à gestão realizar análises e planejar o futuro, colocar planos em execução, avaliar resultados e promover ações corretivas. Em síntese, esse elemento é o alicerce para a definição do que o empreendimento deverá fazer e para a avaliação da conformidade com os rumos definidos.

1.5.3 OPERAÇÕES

Trata-se da definição das operações a serem executadas para que o empreendimento cumpra suas finalidades e do fornecimento dos instrumentos necessários para garantir que sejam realizadas de forma integrada, com os métodos corretos e os recursos adequados.

Se a estratégia dá suporte para que seja definido o que fazer, o elemento operacional auxilia a definir como fazer, e envolve a definição de processos, métodos de execução, procedimentos, instalações físicas, tecnologia, nível de automação e equipamentos a ser utilizados.

Ao contrário do que se possa pensar, as operações não se limitam às atividades de produção, mas envolvem todas as áreas da organização, desde engenharia, suprimentos e finanças, até vendas, recrutamento, treinamento, armazenagem, distribuição e segurança.

1.5.4 ESTRUTURA ORGANIZACIONAL

A função da estrutura organizacional é dotar a administração de instrumentos que permitam estabelecer o arranjo mais eficaz e eficiente para a subdivisão da tarefa empresarial e a designação de pessoas qualificadas para liderá-la.

Em resumo, ela dá suporte à definição de responsabilidades – quem responde pelo quê –, destacando-se que o esforço criativo não está no desenho de organogramas, mas na concepção de um modelo estrutural que consiga distribuir a tarefa empresarial preservando sua unidade e sua orientação para os resultados globais da organização.

1.5.5 COMUNICAÇÃO

O processo de comunicação deve ser compreendido como uma prática de duas vias: da empresa para o ambiente-alvo e vice-versa, o que é válido tanto para o público interno como para o público externo à organização.

No ambiente externo, a comunicação é fundamental para identificar demandas por utilidades, conhecer os mercados, capturar necessidades da sociedade, criar e manter relações construtivas com clientes e fornecedores, divulgar seus produtos e serviços, atrair pessoas talentosas para compor sua equipe etc.

No ambiente interno, a comunicação é vital para a disseminação, a compreensão e a aceitação da filosofia empresarial, a divulgação de planos e resultados, a coordenação das operações, a promoção do trabalho em equipe, o reconhecimento e a motivação.

É o elemento comunicação que provê os processos, meios, técnicas e recursos para que a organização promova a interação com empreendedores, colaboradores, clientes atuais e potenciais, fornecedores e parceiros, entidades representativas da sociedade e outras partes interessadas. Destaque-se, todavia, que o primeiro passo nesse sentido é a concepção de planos e processos de comunicação, para só depois definir as ferramentas mais adequadas aos propósitos e ao público-alvo.

1.5.6 INFORMAÇÃO

A informação não se resume à coleta de dados sobre as operações da empresa, do mercado ou dos concorrentes. Aliás, a obtenção de dados confiáveis é apenas a primeira etapa do trabalho. A partir daí eles precisam ser tratados, processados e organizados para que se tornem informação: conhecimento necessário para dar suporte ao gerenciamento de cada operação e à tomada de decisões na organização.

Esse elemento estabelece quais informações devem ser apuradas e os sistemas e meios utilizados para seu tratamento e processamento.

Contudo, a informação de nada servirá se não envolver análise crítica e implantação de ações. O conhecimento sozinho é incapaz de reduzir custos, aumentar a produtividade, conquistar novos mercados ou manter as equipes motivadas e com alto desempenho. Cabe à gestão utilizá-la para colocar em marcha iniciativas que levem à consecução dos resultados da empresa.

1.5.7 COMPORTAMENTO HUMANO

São as pessoas que criam, desenvolvem e mantêm as organizações. O desafio do gestor é propiciar o ambiente e as oportunidades para que elas executem seus trabalhos em direção aos resultados, ao mesmo tempo que busca satisfazer suas necessidades e expectativas de valorização e crescimento pessoal e profissional.

O elemento comportamento humano inclui o conjunto de instrumentos que auxiliam o gestor em seu esforço de mobilizar pessoas e adequar suas condutas à filosofia empresarial. Tais instrumentos envolvem tanto o atendimento de necessidades elementares, como políticas de remuneração e benefícios, quanto as atenções dirigidas à motivação e à integração.

Entre os mecanismos voltados à motivação estão as avaliações de desempenho, o reconhecimento (o que não significa necessariamente bonificação), a delegação de autoridade, os processos participativos, os programas de educação e capacitação, os estilos de liderança e todas as ações voltadas a elevar a autoestima e a autoconfiança.

Já os recursos de integração são voltados ao fortalecimento do espírito de equipe mediante a valorização do esforço coletivo, como a recepção a novos colaboradores e o desenvolvimento de projetos por grupos multidisciplinares.

1.6 CONSTRUÇÃO DA EXCELÊNCIA

É muito comum ouvir que não existem padrões acabados sobre a forma de gerenciar uma empresa, e essa afirmação geralmente não recebe contestações. De fato, as peculiaridades de cada organização sugerem que seja improvável ter uma receita de gestão que se aplique indistintamente a todos os casos.

Essa afirmação, no entanto, é parcialmente verdadeira. A administração é um processo complexo, e a existência de referências com resultados comprovados contribui para a orientação das decisões e ações.

Desde a Revolução Industrial, empreendedores e gestores buscam conhecer experiências bem-sucedidas na condução de negócios e processos que possam ser aplicadas para a melhoria da eficiência operacional e dos resultados financeiros.

O primeiro modelo de gestão atribuído a Taylor, em 1911, conhecido como administração científica, teve seus fundamentos aplicados com sucesso por Henry Ford no desenvolvimento do procedimento industrial baseado na linha de montagem para gerar uma grande produção que deveria ser consumida em massa. Os países desenvolvidos aderiram totalmente ou parcialmente a esse método produtivo industrial.

O crescimento da indústria japonesa e a globalização experimentada a partir dos anos 1970 trouxeram novos desafios com o acirramento da disputa pelo mercado, o que levou as organizações a buscarem novas referências de gestão que pudessem assegurar-lhes capacidade de competir e sustentabilidade. A resposta encontrada foi que ser bom no que se fazia não era mais suficiente.

Em tese, a melhoria contínua de todos os processos organizacionais seria um princípio inerente à criação de produtos e serviços de valor, à conquista e manutenção de clientes, ao uso produtivo dos recursos e à obtenção de lucro. Contudo, a necessidade de elevar o nível de competitividade das empresas levou ao especial destaque da construção da excelência como uma das principais tarefas da gestão.

O estudo, experiência e conhecimento das melhores práticas empresariais possibilitaram a elaboração de modelos que pudessem ser compreendidos, aplicados, aperfeiçoados e compartilhados. As primeiras iniciativas nesse sentido levaram à elaboração da estrutura do Malcolm Baldridge National Quality Award e originaram normas da série ISO 9.000.

No caso do Brasil, coube à Fundação Nacional da Qualidade (FNQ) elaborar o modelo de excelência em gestão (MEG), uma abordagem sistêmica de gestão empresarial focada na melhoria contínua e no aprendizado constante, aplicável a empresas de pequeno, médio e grande portes, pertencentes a todos os segmentos de atividade.

O MEG serve como um guia de referência que traz as melhores práticas de gestão realizadas em algumas das empresas de maior sucesso no mundo. Tem como objetivo ajudar os gestores a analisar os processos da empresa, fazendo uma reflexão sobre o cenário atual para identificar pontos de melhoria e ações a serem realizadas.

As principais características do MEG são as seguintes:

- Modelo sistêmico: possui um conceito de aprendizado e melhoria contínuos, pois seu funcionamento é inspirado no ciclo *plan, do, check, learn* (PDCL).
- Não prescritivo: é considerado um modelo de referência e aprendizado, inexistindo prescrição na sua implementação de práticas de gestão. O modelo levanta questionamentos, permitindo um exercício de reflexão sobre a gestão e a adequação de suas práticas aos conceitos de uma empresa de classe mundial.
- Adaptável a todo tipo de organização: permite às organizações adequar suas práticas de gestão respeitando a cultura existente. O modelo tem como foco estimular a organização para a obtenção de respostas, por meio de práticas de gestão, sempre com vistas à geração de resultados que a tornem mais competitiva.

O MEG estimula o alinhamento, a integração, o compartilhamento e o direcionamento de toda a organização, para que atue com excelência na cadeia de valor e gere resultados a todas as partes interessadas. Além disso, preconiza que os vários elementos da empresa e as partes interessadas interajam de forma harmônica nas estratégias, estabelecendo uma orientação integrada e interdependente de gerenciamento.

Entre os benefícios esperados, o MEG:

- Promove a competitividade e a sustentabilidade.
- Proporciona um referencial para a gestão de organizações.
- Promove o aprendizado organizacional.
- Possibilita a avaliação e a melhoria da gestão de forma abrangente.
- Melhora a compreensão de anseios das partes interessadas.
- Mensura os resultados do negócio de forma objetiva.
- Desenvolve a visão sistêmica dos executivos.
- Estimula o comprometimento e a cooperação entre as pessoas.
- Incorpora a cultura da excelência.
- Uniformiza a linguagem e melhora a comunicação gerencial.
- Permite o diagnóstico objetivo e a mensuração do grau de maturidade da gestão.
- Enfatiza a integração e o alinhamento sistêmico.

O MEG está alicerçado em oito fundamentos para melhoria de processos e produtos, redução de custos, aumento da produtividade e da competitividade. Esses fundamentos estão listados a seguir.

1. Pensamento sistêmico: entendimento das relações de interdependência entre os diversos componentes de uma organização, bem como entre ela e o ambiente externo. Esse fundamento inclui a estruturação de sistemas de medição, o gerenciamento das redes nas quais a organização atua e a identificação das necessidades de informação e sua utilização.
2. Compromisso com as partes interessadas: gerenciamento das relações com as partes envolvidas e sua conexão com as estratégias e processos, numa perspectiva de curto e longo prazo. Os temas e processos abrangem cada um dos públicos estratégicos de interesse, também chamados *stakeholders*, destacando-se a identificação dos requisitos, necessidades e expectativas, implantação de canais de relacionamento, tratamento das manifestações e comunicações, além do relacionamento com fornecedores e com a equipe de trabalho.
3. Aprendizado organizacional e inovação: busca de novos patamares de competência para a organização e sua equipe por meio da percepção, reflexão, avaliação e compartilhamento de conhecimentos, promovendo um ambiente favorável à criatividade, experimentação e implementação de novas ideias capazes de gerar ganhos sustentáveis para as partes interessadas. Esse fundamento contempla o diagnóstico, a implantação e o compartilhamento das melhorias, incluindo os processos de identificação e desenvolvimento, assim como retenção, proteção e a utilização do conhecimento.
4. Adaptabilidade: flexibilidade e capacidade de mudança em tempo hábil a novas demandas das partes interessadas e alterações no contexto. O fundamento representa o processo de identificação da necessidade da mudança e a prontidão para implantá-la.
5. Liderança transformadora: atuação dos líderes de forma ética, inspiradora, exemplar, realizadora e comprometida com a excelência, compreendendo a análise de cenários e tendências, a mobilização das pessoas em torno de valores, princípios e objetivos da organização, a exploração das potencialidades das culturas presentes, a preparação de pessoas e a interação com as partes interessadas. Compõem esse fundamento a governança, a gestão de riscos e seus controles, a cultura organizacional, a visão do futuro, a formulação e a implantação de estratégias, a análise de desempenho, a identificação e a preparação de novos líderes e sucessores, a gestão econômico-financeira e o desempenho ambiental.
6. Desenvolvimento sustentável: compromisso da organização para responder pelos impactos de suas decisões e atividades na sociedade e no meio ambiente, bem como para contribuir para a melhoria das condições de vida da atual e das futuras gerações, por meio de um comportamento ético e transparente. Os temas e

processos abordados são a prevenção de impactos ambientais e sociais, além de seus respectivos tratamentos.

7. Orientação por processos: busca da eficiência e eficácia dos conjuntos de atividades de agregação de valor para as partes interessadas. Esse fundamento considera todos os processos da cadeia de valor em interação (modelagem, projeto, desenvolvimento, análise, produção, logística e segurança dos sistemas de informação e comunicação), planejados para atender aos requisitos das utilidades e das partes interessadas que realizam as transformações e entregas da organização, incluindo os fornecedores de insumos e serviços.
8. Geração de valor: apresentação de resultados estratégicos e operacionais relevantes para a organização, na forma de indicadores que permitam avaliar a melhoria do desempenho, o nível de competitividade e o cumprimento de compromissos com requisitos de partes interessadas, nas perspectivas econômico-financeira, socioambiental e relativas a clientes e mercados, a pessoas e aos processos da cadeia de valor. O tema abordado apresenta coincidência com as dimensões do *balanced scorecard*, técnica de planejamento estratégico apresentada no Elemento 4 deste livro.

A inter-relação entre esses fundamentos pode ser resumida da seguinte forma: tendo por base as demandas dos clientes e da sociedade, a liderança desenvolve estratégias e planos que são executados por pessoas e processos com o objetivo de gerar resultados. Para que isso aconteça, as informações e o conhecimento devem permear todos os critérios, as variáveis e a organização.

Em outras palavras, os oito fundamentos constituem um sistema, representado no modelo de excelência em gestão pelo diagrama da Figura 1.2.

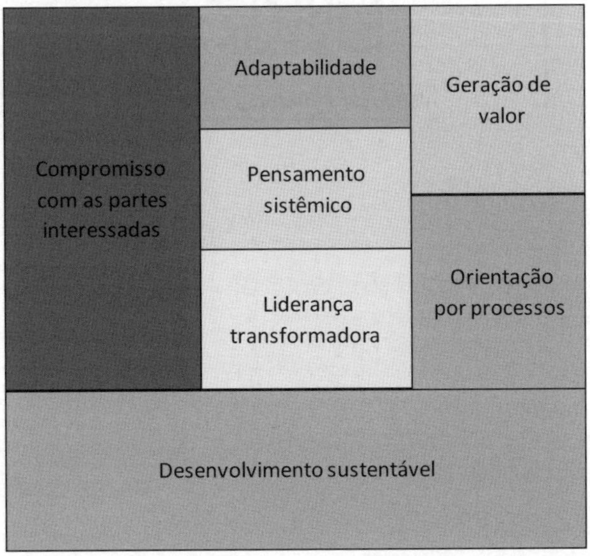

Figura 1.2 Diagrama do MEG. Fonte: Fundação Nacional da Qualidade.

A colocação em prática dos fundamentos do MEG requer a estruturação de processos levando em consideração vários fatores, entre os quais se destacam:

- Padrões (formalmente documentados ou não) devem ser aplicados de maneira sistemática, com a definição de responsabilidades, métodos, periodicidade e controles para orientar seu funcionamento e verificar a sua aplicação.
- Desdobramentos dos fundamentos para áreas ou partes interessadas, devendo considerar também os riscos potencialmente envolvidos e as medidas mitigatórias necessárias.
- Avaliações periódicas, objetivando a identificação de causas de um eventual desempenho insatisfatório e de oportunidades para um aumento da efetividade.
- Inovações que criem formas diferentes e melhores de estruturação, execução ou controle.
- Produção de resultados relevantes para a organização, com tendências de melhoria e em níveis de competitividade adequados às estratégias e ao modelo de negócio, atendendo aos compromissos com as partes interessadas.

O QR Code 1D ilustra o modelo de excelência em gestão, incluindo uma breve apresentação de casos de sucesso de aplicação realizados por grandes organizações, como Sebrae, Bradesco e Embraer.

QR Code 1D – MEG

http://livro.link/elementos1d

ELEMENTO 2

ESTRATÉGIAS COMPETITIVAS

Toda empresa nasce com dois sonhos: tornar-se um destaque em sua área de ação e perpetuar-se. Contudo, entre o sonho e a realidade sempre existirão obstáculos a serem vencidos. Caso contrário, inevitavelmente levarão a empresa ao seu fim.

As possíveis estratégias competitivas a serem aplicadas por uma organização, bem como os fatores-chave para construí-las, são o objeto deste capítulo.

2.1 CONCEITO E COMPONENTES DA ESTRATÉGIA EMPRESARIAL

O termo estratégia vem do grego *strategia* e tem raízes no campo militar, mais especificamente relacionado à guerra, sendo utilizado para designar a arte de empregar as batalhas com o objetivo de superar um inimigo e impor-lhe a vontade.

Com o passar do tempo, a palavra passou a ser utilizada de modo corriqueiro, para definir conjuntos de ações aplicáveis para a concretização de um resultado, seja no âmbito econômico, político, comercial, esportivo ou educacional.

No contexto da gestão empresarial, a estratégia pode ser entendida, por extensão do conceito original, como uma série específica de manobras de uma organização, envolvendo o estabelecimento de metas, regras de decisão e diretrizes voltadas à definição do campo de atuação e do sentido de crescimento, visando atingir seus objetivos maiores: suplantar seus concorrentes ou defender-se de ataques de competidores atuais e potenciais.

Pode-se dizer que uma das principais funções da administração de uma empresa concentra-se em levar a efeito o processo cíclico de formular estratégias, comunicá-las a toda a organização, desenvolver e pôr em prática táticas para implantá-las e estabelecer controles para monitorar as etapas de execução e o alcance das metas estratégicas.

2.1.1 OS COMPONENTES DA ESTRATÉGIA EMPRESARIAL

A estratégia empresarial abrange quatro componentes básicos complementares entre si: o conjunto de produtos e mercados, o vetor de crescimento, a sinergia e a estratégia competitiva.

- O conjunto de produtos e mercados é a especificação das indústrias às quais a empresa restringe sua participação e seu processo de busca de oportunidades. Define, portanto, a amplitude de atuação da empresa.
- O vetor de crescimento indica as direções que uma empresa se propõe a seguir em relação ao seu atual conjunto de produtos e mercados, como ilustra o Quadro 2.1:

Quadro 2.1 Matriz de produtos e mercados

		Produtos	
		Atuais	Novos
Mercados	Atuais	Penetração	Desenvolvimento de produto
	Novos	Desenvolvimento de mercado	Diversificação

- A sinergia define a capacidade da empresa de tirar proveito da entrada em novas áreas de produtos e mercados, por meio de novas linhas que ou utilizem uma competência na qual a empresa se destaca, ou forneçam alguma potencialidade que a empresa necessite.
- A estratégia competitiva, foco central deste capítulo, envolve a identificação de propriedades específicas e combinações de produtos e mercados que dão à empresa uma forte posição concorrencial.

Esses componentes apresentam interdependência, ou seja, decisões e definições tomadas em relação a um deles implica reflexos e necessidades de adequações aos demais, a fim de tornar factível a estratégia empresarial como um todo.

Contudo, a estratégia competitiva é o elemento essencial para viabilizar as definições do sentido de crescimento e do aproveitamento de sinergias, o que a torna particularmente importante, de modo que deve ser analisada e compreendida ao máximo.

2.2 FORÇAS COMPETITIVAS

Cada empresa que atua em uma indústria possui uma estratégia competitiva, ainda que não explícita, com o objetivo de obter uma posição sustentável, lucrativa e defensável em relação à concorrência existente entre fabricantes de produtos ou prestadoras de serviços semelhantes (não necessariamente iguais).

Assim, cada empresa analisa sua indústria como um todo, buscando compreender a concorrência e sua própria posição, de forma a possibilitar a elaboração de uma estratégia competitiva para um determinado ramo de negócio, que lhe permita alcançar vantagens competitivas sólidas e defensáveis ao longo do tempo.

Essa análise envolve quatro aspectos básicos que limitam as possibilidades do que uma empresa pode efetivamente realizar, e que necessitam de análise antes do estabelecimento de metas e políticas, de modo que se tornem exequíveis. São eles:

- Pontos fortes e fracos da empresa: perfil de seus ativos e qualificação em relação aos concorrentes, incluindo recursos tecnológicos e financeiros, localização etc.
- Valores pessoais dos principais executivos da empresa: motivações, necessidades, crenças e princípios dos responsáveis pela implantação da estratégia.

- Ameaças e oportunidades da indústria: definem o meio competitivo, tanto no que se refere aos riscos como às oportunidades potenciais.
- Expectativas mais amplas da sociedade: impacto sobre políticas governamentais, interesses sociais etc.

Os dois primeiros fatores, caracteristicamente internos à empresa, definem seus próprios limites quanto às estratégias competitivas passíveis de adoção. Os dois últimos, externos à empresa, são determinados pela arena competitiva e por seu meio ambiente mais amplo, afetando todos os concorrentes da indústria.

Na maior parte das vezes, as empresas partem da análise SWOT (iniciais em inglês para forças, fraquezas, oportunidades e ameaças), ilustrada na Figura 2.1.

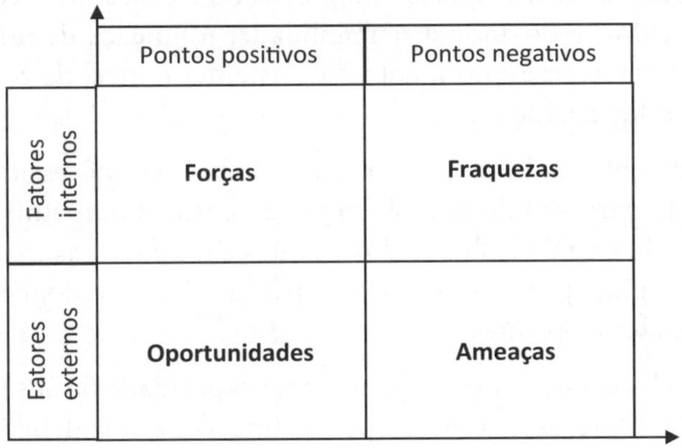

Figura 2.1 Elementos da análise SWOT.

O QR Code 2A exemplifica o uso da análise SWOT como base para tomada de decisões da empresa, apresentando um artigo sobre a mudança de estratégia da Samsung no segmento de smartphones.

QR Code 2A – A mudança de estratégia da Samsung

http://livro.link/elementos2a

A concorrência não se restringe apenas aos métodos empregados pelas empresas na disputa de parcelas de mercado, mas envolve outras forças que também tentam apoderar-se de parte dos lucros gerados na indústria.

Assim, a competição no mercado deve ser analisada a partir de uma concepção mais ampla, refletindo o enfrentamento dos vários capitais que compõem o segmento industrial, de forma que a estratégia competitiva da organização resulte da compreensão profunda das regras que determinam a atratividade do seu ramo de negócio. Isso permite compreender como lidar com essas regras e, se possível, modificá-las a seu favor.

A estrutura básica de qualquer segmento industrial apresenta cinco forças competitivas, exploradas a seguir, que determinam a intensidade da concorrência.

2.2.1 AMEAÇA DE NOVOS CONCORRENTES

Novas empresas que entram na indústria o fazem, frequentemente, com disponibilidade significativa de recursos e com desejos agressivos de conquistar parcela do mercado, o que pode provocar queda dos preços ou elevação dos custos dos participantes já estabelecidos, reduzindo a rentabilidade. A ameaça de novos concorrentes depende de dois fatores: barreiras à entrada existentes e nível de retaliação esperado dos concorrentes estabelecidos.

As barreiras de entrada podem ser representadas pela necessidade de produção em grande volume para viabilizar a obtenção de custos competitivos (economia de escala), existência de grande lealdade dos clientes em relação às marcas do mercado, necessidades de capital para instalações e divulgação, tecnologias patenteadas ou acesso restrito a matérias-primas.

Já a retaliação dos concorrentes dependerá da capacidade de absorção de um novo participante sem comprometer o desempenho financeiro dos demais, da disponibilidade de recursos para a disputa e do volume de recursos comprometidos em equipamentos e instalações.

Procurando evitar as barreiras e retaliações, muitas empresas novas ou estabelecidas optam por buscar nichos de clientes ainda pouco ou nada explorados, em que a competição seja menos acirrada ou inexistente. Esses segmentos foram chamados por Chan Kim e Mauborgne de "oceano azul".

O QR Code 2B apresenta artigo sobre o caso da Under Armour, fabricante de artigos esportivos, que ilustra essa força competitiva. Com pouco mais de vinte anos de existência, a empresa vem enfrentando gigantes do setor, como Adidas e Nike, e conquistando parcelas significativas do mercado americano e internacional.

QR Code 2B – Under Armour

http://livro.link/elementos2b

2.2.2 RIVALIDADE ENTRE OS CONCORRENTES ESTABELECIDOS

A rivalidade entre os concorrentes existentes é a força competitiva mais conhecida, envolvendo disputa por posição na indústria. Geralmente acontece porque alguns concorrentes sentem-se pressionados ou percebem a possibilidade de ganhar novas fatias de mercado. Em outras palavras, essa rivalidade reflete o que se classifica como o conceito convencional do termo concorrência.

Os exemplos são inúmeros: Coca-Cola × Pepsi × AMBEV; Carrefour × Walmart; GM × VW; sorvetes Kibon × Nestlé; Omo × Brilhante × Tixan etc.

Na maior parte das indústrias, os movimentos de uma empresa no sentido de ampliar sua parcela no mercado geram reações de seus concorrentes, cuja intensidade depende de fatores estruturais, como:

- número de concorrentes existentes;
- nível de equilíbrio entre os concorrentes;
- crescimento lento do mercado da indústria;
- custos fixos ou de armazenamento elevados;
- aquisição pelos clientes baseada apenas no preço;
- aumento da capacidade geral de produção, rompendo o equilíbrio oferta × demanda;
- altos custos para abandonar a fabricação dos produtos e a prestação de serviços.

2.2.3 AMEAÇA DE PRODUTOS SUBSTITUTOS

Em termos abrangentes, as empresas de uma indústria competem com indústrias que fabricam produtos substitutos, o que limita os preços que podem ser fixados e, consequentemente, atua no sentido de reduzir os lucros. Quanto mais atraente for a relação preço-desempenho oferecida pelos produtos substitutos, maior será a pressão sobre os lucros da indústria.

Exemplos desta força competitiva são os casos de metais × plásticos de engenharia; aplicações de capital em títulos × imóveis; notebooks × smartphones; livros impressos × e-books; lojas físicas × lojas virtuais.

No caso dos produtos substitutos, os alvos de especial atenção são aqueles que apresentam potenciais de melhoramento da relação preço-desempenho. Para estes, a estratégia a ser adotada deve ser cuidadosamente analisada, visando suplantá-los ou considerá-los como forças inevitáveis.

Dois casos ilustram essa força competitiva. O primeiro, que pode ser acessado pelo QR Code 2C, comenta o declínio das câmeras digitais, praticamente relegadas ao passado pelos smartphones. O QR Code 2D apresenta o segundo artigo, que relata as dificuldades enfrentadas pela IBM em decorrência de um produto que a própria empresa inventou: o computador pessoal.

QR Code 2C – Caso das câmeras digitais	**QR Code 2D** – IBM x PCs
http://livro.link/elementos2c	http://livro.link/elementos2d

2.2.4 PODER DE NEGOCIAÇÃO DOS COMPRADORES

Os compradores competem com a indústria forçando reduções de preços ou buscando vantagens adicionais em termos de serviços e de características extras do produto, cuja consequência – preços menores ou custos mais elevados – compromete a rentabilidade da indústria.

O poder que os compradores têm para alcançar seus objetivos varia em função de inúmeros fatores, destacando-se:

- O nível de concentração dos compradores é maior que o de seus fornecedores.
- O volume adquirido pelo comprador é significativo em relação ao total de vendas dos fornecedores.
- Os produtos comercializados são padronizados, permitindo que o comprador os adquira de vários fornecedores diferentes sem incorrer em custos adicionais.
- Os lucros do comprador são baixos, o que o leva a buscar constantemente a redução de custos.
- O comprador tem reais condições de autofabricação do produto (ameaça de integração para trás).

Quanto maior o poder de negociação dos compradores, maior será a pressão exercida sobre a indústria no sentido de apoderar-se de parte de seus lucros e, portanto, reduzir sua rentabilidade.

2.2.5 PODER DE NEGOCIAÇÃO DOS FORNECEDORES

Os fornecedores competem com a indústria procurando elevar seus preços ou reduzir vantagens oferecidas e características do produto, de forma a apoderar-se da rentabilidade da indústria, o que constitui forte ameaça caso ela não tenha condições de repassar aumentos de custos para seus clientes.

Quanto maior o poder de negociação dos fornecedores, maior será a pressão sobre a indústria no sentido de apoderar-se de fatias maiores de seus lucros, afetando a rentabilidade.

O poder de negociação dos fornecedores torna-se maior ou menor em função de uma série de fatores, entre os quais se destacam:

- Nível de concentração dos fornecedores maior que o dos compradores.
- Inexistência de produtos substitutos disponíveis no mercado.
- As aquisições da indústria são pouco significativas para o fornecedor.
- Existência de custos significativos de mudança de insumos para o comprador.
- Possibilidade efetiva de que o fornecedor passe a oferecer ao mercado o mesmo produto ou serviço de seus compradores, ação que é conhecida como integração para a frente.

O QR Code 2E remete ao caso da Raízen, que ilustra esse tipo de movimento. A formação da empresa possibilitou que a Cosan, grande produtora do setor sucroalcooleiro, avançasse em direção às etapas seguintes da cadeia de suprimento de combustíveis, quais sejam, da distribuição e da comercialização.

QR Code 2E – Raízen

http://livro.link/elementos2e

Diante da pressão das cinco forças competitivas, a empresa necessita conquistar uma posição tal dentro da indústria que lhe permita defender-se melhor que seus concorrentes ou, se possível, influenciar essas forças a seu favor. É nesse sentido que a organização precisa definir sua estratégia competitiva.

2.3 ESTRATÉGIAS E VANTAGENS COMPETITIVAS

A estratégia competitiva é a definição do modo como a empresa irá competir, suas metas econômicas e não econômicas e as políticas empresariais adequadas para atingi-las.

Sua escolha deve resultar da análise das condições de concorrência e basear-se tanto na atratividade da indústria e nos aspectos que determinam sua rentabilidade como nos fatores que definem sua posição relativa dentro do segmento.

A partir da análise desses pontos, a organização precisa estruturar-se de forma que possa obter condições vantajosas e sustentáveis ao longo do tempo em relação aos demais participantes da indústria. Em outras palavras, o objetivo é construir vantagens em relação às forças concorrenciais que não possam ser facilmente imitadas e que tenham capacidade de resistir aos ataques e às modificações da indústria, como ilustra a Figura 2.2.

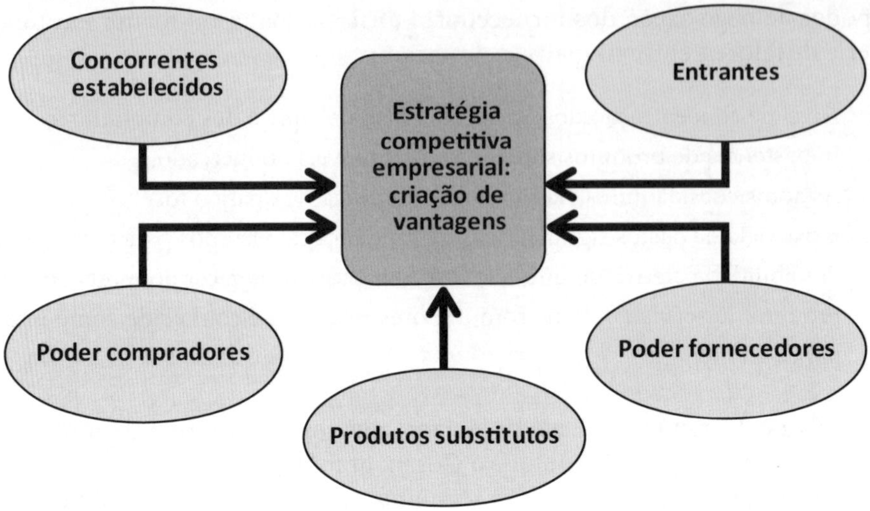

Figura 2.2 Estratégia empresarial e cinco forças competitivas.

A vantagem competitiva resulta, fundamentalmente, do valor que uma organização consegue criar para seus compradores e que ultrapassa seu custo de produção.

O valor superior origina-se da oferta de preços mais baixos por benefícios equivalentes, benefícios adicionais por preços semelhantes ou benefícios singulares que mais do que compensam o preço mais alto.

O desdobramento desse conceito permite identificar três tipos de vantagens competitivas que uma empresa pode obter:

- Liderança em custo: a empresa procura liderar sua indústria com base no custo, dentro de um contexto amplo de mercado.
- Diferenciação: a empresa visa tornar-se singular em sua indústria, dentro de um contexto amplo de mercado.
- Enfoque: a empresa direciona-se para ser o líder em custo ou o diferenciador, porém focando o atendimento a um público específico, também chamado de nicho de mercado.

2.3.1 ESTRATÉGIA COMPETITIVA DE LIDERANÇA EM CUSTO

A busca dessa posição consiste em direcionar todos os esforços da empresa no sentido de torná-la o produtor de mais baixo custo dentro da indústria.

A conquista e a manutenção dessa posição dependem de uma série de condições estruturais da empresa e exige posturas administrativas de rígido controle de custos, não só na produção como também em pesquisa e desenvolvimento, marketing, infraestrutura etc. O custo baixo em relação aos concorrentes torna-se a preocupação principal da organização e passa a nortear todas as ações de suas unidades administrativas.

Importante destacar que a vantagem da liderança em custo não significa que possam ser negligenciados aspectos importantes para o cliente, como desempenho, características do produto e assistência técnica. Se os produtos do líder em custo forem de qualidade inferior em relação aos de seus rivais, ele terá que reduzir seus preços abaixo dos da concorrência, eliminando os benefícios de sua posição. Trata-se, portanto, de oferecer aos clientes as mesmas condições essenciais proporcionadas pelos concorrentes, porém a um custo significativamente menor.

A liderança em custo fornece defesas contra as cinco forças competitivas, a saber:

- Rivalidade dos concorrentes: tendo a liderança em custo, os retornos da empresa serão mais altos que os de seus concorrentes, o que significa que ainda poderá obter lucros mesmo quando as demais empresas da indústria tiverem reagido até seu limite máximo possível de redução de preços.
- Entrantes potenciais: a liderança em custo constitui uma barreira à entrada de novos concorrentes, uma vez que exige, em geral, investimentos elevados para obtenção de escala econômica de produção e ações agressivas em relação a projeto, matéria-prima, distribuição e promoções.
- Produtos substitutos: a posição de liderança em custos torna dificultosa a penetração de produtos substitutos sem condições de lutar por preços compatíveis.
- Poder dos compradores: o poder de pressão sobre os preços só poderá ser exercido até o limite do concorrente mais eficiente, o que ainda possibilita retornos para a empresa em função de seus custos mais baixos.
- Poder dos fornecedores: devido ao maior retorno proporcionado pela liderança em custo, a empresa possui mais condições de flexibilidade e de assimilação para enfrentar uma elevação do custo dos insumos.

Atingida a posição de liderança em custo, o retorno obtido permite o reinvestimento em recursos técnico-industriais da empresa, que propiciem reduzir ainda mais seus custos de modo a manter e até ampliar a vantagem competitiva.

Essa é a posição da Arábia Saudita na produção de petróleo, como ilustra o artigo acessível pelo QR Code 2F. Tendo o menor custo de extração do mundo, o país pode suportar como nenhum outro os movimentos de redução do preço internacional da *commodity*, chegando até a usá-los para atingir seus inimigos históricos.

QR Code 2F – Arábia Saudita

http://livro.link/elementos2f

2.3.2 ESTRATÉGIA COMPETITIVA DE DIFERENCIAÇÃO

A construção de uma condição de diferenciação consiste em procurar posicionar a empresa de forma a ser a única em sua indústria a oferecer benefícios específicos de valor representativo para os clientes.

Significa proporcionar-lhes a redução de seu custo final (não só financeiro, como também custo da oportunidade de utilização do produto, de tempo etc.), ou a elevação de seu desempenho.

Trata-se, portanto, de identificar atributos e necessidades importantes para os clientes da indústria, o que pode ocorrer em várias dimensões, e desenvolver ações no sentido de ser exclusiva no seu atendimento. Isso, por vezes, permite à empresa conquistar a preferência e a lealdade dos compradores ou até mesmo obter um preço superior para seus produtos, o chamado preço-prêmio.

Todavia, a estratégia de diferenciação não permite que os custos sejam negligenciados, sob pena de inviabilizar a relação preço × vantagens oferecidas e de perder posição para concorrentes com custos acentuadamente menores.

A diferenciação oferece posição vantajosa em relação às cinco forças competitivas, baseada principalmente no sentimento de lealdade que desenvolve nos clientes, a saber:

- Rivalidade dos concorrentes: o diferenciador encontra-se em posição isolada de seus concorrentes, em função da preferência dos clientes cativos, o que o torna de certa forma imune à retaliação e às reações dos demais participantes da indústria.
- Entrantes potenciais: a diferenciação coloca barreiras à entrada por exigir do pretendente à indústria significativos esforços e investimentos, notadamente em publicidade e promoções, buscando quebrar o elo de lealdade dos clientes.
- Produtos substitutos: o diferenciador conta com a proteção contra os substitutos, uma vez que seus clientes cativos só o abandonarão pelos alternativos se estes oferecerem vantagens muito evidentes e comprováveis.
- Poder dos compradores: em função da lealdade desenvolvida pela diferenciação, os compradores geralmente são pouco sensíveis aos preços e mais amenos ao exercer seu poder, até mesmo porque não há outro concorrente que lhes ofereça vantagens do mesmo nível.
- Poder dos fornecedores: a diferenciação possibilita à empresa melhores condições para enfrentar a pressão dos fornecedores pelo aumento do custo dos insumos, em função de sua maior facilidade de repassá-los aos clientes.

Ao contrário da estratégia de liderança em custos, que focaliza apenas o preço final ofertado em produtos padronizados e equivalentes, a diferenciação admite diversas abordagens, que terão maior ou menor importância de acordo com os aspectos valorizados pelos clientes.

Resumidamente, a diferenciação pode ocorrer em onze dimensões diferentes do produto ou serviço, isoladamente ou de modo combinado, que são mais bem conceituadas usando como exemplo um veículo:

- Desempenho: cumprimento das funções fundamentais. Essa dimensão envolveria potência do motor, espaço de frenagem, dirigibilidade e estabilidade.
- Características: atributos que vão além das funções fundamentais. Estão incluídos nessa categoria o ar-condicionado digital, câmeras de ré, assistente de ladeiras e computador de bordo.
- Confiabilidade: capacidade de operar de forma segura e sem falhas. Confiança na utilização contínua sem apresentar defeitos ou limitações operativas.
- Conformidade: atendimento a padrões, especificações e projetos. Cumprimento de condições normalizadas, como limite de emissão de poluentes e resistência a colisões.
- Durabilidade: tempo de vida útil ou quilometragem que comprovadamente o veículo atinge mantendo suas condições operativas.
- Atendimento: eficiência, rapidez, cortesia e orientação ao cliente. Serviços associados prestados pelas concessionárias, envolvendo venda, entrega, pós-venda e manutenção do veículo.
- Estética: aparência e seus reflexos sobre as sensações do cliente. Design do interior e do exterior, detalhes de rodas e outros atributos ligados à beleza e modernidade.
- Qualidade percebida: sinais e impressões de qualidade que levam o cliente a inferir sua satisfação com o produto. Detalhes de acabamento, acessórios e próprio desenho podem levar a impressões de robustez, velocidade e agilidade.
- Manutenibilidade: condições técnico-operacionais para realização de manutenções preventivas e corretivas. Facilidade para encontrar oficinas especializadas e as peças de reposição que se fizerem necessárias.
- Produtibilidade: capacidade de execução de um projeto ou produto com os recursos disponíveis. No caso de veículos essa dimensão está concentrada na linha de produção e envolve o trabalho de diversas outras áreas, como desenvolvimento, engenharia e suprimentos.
- Valor de estima: sinais que conferem distinção especial ao cliente (*status*). Vínculos estabelecidos entre o veículo e a posição social de seu proprietário, como é o caso da Ferrari, Porsche e outros de classe semelhante.

A combinação de duas ou três dessas dimensões possibilita a construção de um número expressivo de alternativas de competição por diferenciação.

A The Gillette Company, empresa americana fundada em 1901, pode ser apontada como caso clássico da estratégia de diferenciação. Líder absoluta no mercado de aparelhos de barbear apesar de seu preço superior, a empresa conquistou a preferência dos consumidores graças, principalmente, às inimitáveis inovações tecnológicas de seus produtos, destacando-se principalmente nas dimensões desempenho, confiabilidade e durabilidade.

O QR Code 2G apresenta um artigo que permite conhecer melhor essa organização e sua estratégia competitiva.

QR Code 2G – The Gillette Company

http://livro.link/elementos2g

Ao contrário do que se possa pensar, o direcionamento do foco para as dimensões de diferenciação não é privilégio apenas das grandes organizações. O caso do pipoqueiro Valdir, apresentado no vídeo acessível pelo QR Code 2H, demonstra como um pequeno negócio pode diferenciar-se em dimensões como desempenho, características, atendimento e qualidade percebida. Trabalhando em uma praça de Curitiba, ele se destacou de tal forma que virou assunto de várias reportagens, como exemplo que pode ser seguido por muitas empresas.

QR Code 2H – Pipoqueiro Valdir

http://livro.link/elementos2h

Cabe ressaltar que muitas vezes a diferenciação pode ser incompatível com altas parcelas de mercado, uma vez que o desenvolvimento do sentimento de lealdade do cliente exige certa exclusividade de atendimento ou, pelo menos, a sensação de que o produto ou serviço destina-se a um público restrito.

Jack Welch, ex-CEO da GE e um dos líderes empresariais mais celebrados do mundo, reconhecia essa necessidade de escolher que segmentos serão atendidos, afirmando: “Não dá para ser tudo para todos. Escolha quem e o que serão alvos de sua atenção”.

2.3.3 VANTAGENS SIMULTÂNEAS DE LIDERANÇA EM CUSTO E DE DIFERENCIAÇÃO

A obtenção simultânea de condições de liderança em custo e de diferenciação é pouco provável e considerada inconsistente por alguns estudiosos. Essa posição parte da premissa de que a diferenciação quase sempre leva a custos adicionais, o que a incompatibiliza com a liderança em custo.

A conquista concomitante de liderança em custo e de diferenciação constitui caso de exceção e requer a existência de situações específicas que a tornem viável, sendo elas:

- Os concorrentes não possuem qualquer vantagem competitiva, ou seja, encontram-se em uma condição chamada de "meio-termo". No entanto, essa situação geralmente é apenas temporária, uma vez que os concorrentes tendem a reagir no sentido de igualar-se àqueles que apresentem alguma vantagem.
- A parcela de mercado é fator altamente significativo dos custos, o que permite à empresa diferenciar-se e, ainda assim, manter liderança em custos. O mesmo pode ocorrer quando a empresa for a única a ter a possibilidade de explorar inter-relações com outras unidades empresariais, reduzindo custos mediante o compartilhamento de funções dispendiosas sem comprometer a diferenciação.
- A empresa é única a deter uma importante inovação tecnológica que lhe permite reduzir custos e diferenciar-se ao mesmo tempo.
- Existência de categorias muito distintas em qualidade e preço entre empresa de uma indústria, resultando em uma segmentação do mercado. Isso permite a um concorrente situar-se solidamente entre esses segmentos, passando a ser o líder em custo em relação às empresas de qualidade superior e, ao mesmo tempo, o diferenciado em relação aos competidores de baixo custo.

Os casos apresentados pelos QR Codes 2I e 2J podem ser considerados como detentores de vantagens simultâneas de custo e diferenciação.

O primeiro é da Cacau Show, empresa brasileira que é, ao mesmo tempo, líder em custo, se comparada aos produtores de chocolates finos, e diferenciada, se avaliada em relação aos fabricantes de produtos populares.

O segundo é da rede de clínicas Dr. Consulta. Seus custos baixos permitem oferecer serviços a preços muito menores que as clínicas convencionais e os planos de saúde e, simultaneamente, tempos de espera significativamente inferiores aos do sistema público.

QR Code 2I – Cacau Show	**QR Code 2J** – Dr. Consulta
http://livro.link/elementos2i	http://livro.link/elementos2j

2.4 CONSTRUÇÃO DE VANTAGENS COMPETITIVAS

Estabelecidos os tipos fundamentais de vantagens competitivas que uma empresa pode buscar, o centro da questão passa a ser a definição dos fatores que levam à sua construção.

O custo ou a diferenciação proporcionada pelas atividades de valor decorrem da habilidade de uma empresa em controlar uma série de fatores denominados direcionadores.

Dessa forma, a vantagem competitiva origina-se da superioridade da empresa em relação aos seus concorrentes no controle desses direcionadores.

Considerando o agrupamento dos condutores como elemento facilitador da análise e entendimento do tema, podem ser consideradas três categorias: os gerenciais, os estruturais e os de execução.

2.4.1 CONDUTORES GERENCIAIS

Políticas organizacionais definidas pela alta administração da empresa que podem reduzir/ aumentar custos ou a singularidade:

- configuração de produtos ou serviço;
- nível de serviços associados (pós-venda);
- sistemas de gestão;
- qualidade de insumos;
- decisões de investimento em tecnologia;
- compartilhamento de atividades com outras empresas para reduzir custos ou viabilizar diferenciais.

2.4.2 CONDUTORES ESTRUTURAIS

- Escala: menor custo unitário em função do volume produzido. Vale também para aquisição, vendas, publicidade e outras atividades.
- Escopo: integração vertical pode aumentar/reduzir custos ou obter condições únicas de controle e coordenação para a singularidade.
- Tecnologia: impacto sobre custos e sobre diferenciais do produto.
- Aprendizagem: experiência adquirida pode levar a empresa a executar atividades de valor de forma mais eficiente e mais econômica que seus concorrentes.
- Complexidade da linha de produtos: quanto maior a complexidade, maiores tendem a ser os custos de produção e de serviços, mas há ganhos em diferenciação por atender a diferentes demandas.

2.4.3 CONDUTORES DE EXECUÇÃO

- Pessoas (força de trabalho): seleção, treinamento e participação efetiva nas ações de melhoria e comprometimento com os objetivos empresariais.
- Gestão operacional: melhoramento contínuo, reduzindo defeitos, retrabalhos e custos, além do aumento da confiança dos clientes.
- Utilização da capacidade: maximização do uso dos ativos, resultando em custos menores por unidade produzida.
- *Layout* das instalações: eficiência do fluxo produtivo, aumentando a produtividade e o custo de produção.
- Exploração de ligações internas e externas: obtenção de singularidade ou reduções de custos mediante a relação entre atividades internas, clientes e fornecedores.

Dois casos ilustram a aplicação desses condutores na construção de vantagens competitivas: o QR Code 2L apresenta um artigo sobre a rede de supermercados Walmart, um claro competidor que focaliza a vantagem competitiva de liderança em custo ("*preço baixo todo dia*"), notadamente no mercado norte-americano. Um dos maiores varejistas do mundo, a empresa fundamenta seus esforços em condutores como sistema de gestão (coerência entre políticas organizacionais e ações da administração), escala e tecnologia. Já o QR Code 2M apresenta o segundo caso, do Cirque du Soleil. Produzindo espetáculos inesquecíveis, a empresa ocupa uma posição única na indústria do entretenimento. Sua vantagem competitiva de diferenciação é fundamentada nos condutores tecnologia, pessoas, gestão e configuração/complexidade do produto.

QR Code 2L – Walmart	**QR Code 2M** – Cirque du Soleil
http://livro.link/elementos2l	http://livro.link/elementos2m

Cabe apresentar algumas considerações sobre um aspecto intrínseco à definição das bases da estratégia da empresa e à maior parte dos condutores de vantagens competitivas: a inovação.

De fato, uma reflexão mais atenta e detalhada sobre os temas aqui discutidos permite verificar que a criação de abordagens diferentes das usuais está presente em todas as áreas de impacto em custos e em diferenciação.

A necessidade de competir obriga as organizações não só a definir metas e objetivos observando pontos fortes e fracos (limites internos) como também a identificar oportunidades e ameaças (limites externos), além de buscar novas e constantes melhorias que possibilitem atingir posições defensáveis e sustentáveis no mercado.

Objetivamente, o conceito de inovação está ligado à colocação em prática de ideias, simples ou complexas, que gerem resultados econômicos para o negócio. Essas iniciativas podem estar voltadas tanto ao ambiente interno da empresa quanto ao mercado, por exemplo:

- Em tecnologia: novidades ou melhorias substanciais em processos produtivos, bens e serviços, obtidas a partir de técnicas resultantes de esforços em pesquisa e desenvolvimento científico.
- Em utilidades: melhorias em bens e serviços oferecidos ao mercado.
- Em processos: mudanças nos métodos utilizados para criação e oferta de utilidades aos clientes.
- Em gestão organizacional: novas técnicas de gerenciamento ou significativas mudanças na organização do trabalho e nas relações externas da empresa.
- Em marketing: métodos inéditos de abordagem ao mercado, que podem envolver produto, embalagem, posicionamento, promoção ou preço.

As novidades implantadas no ambiente interno ou externo à organização podem ser de dois tipos. O primeiro refere-se às alterações radicais ou disruptivas – aquelas que mudam as bases de um mercado com uma nova utilidade ou uma maneira totalmente diferente de produzir ou disponibilizar um bem ou serviço. A força competitiva dos produtos substitutos geralmente decorre desse tipo de ação inovadora.

O segundo compreende aquelas que proporcionam saltos incrementais – pequenas mudanças sobre algo já estabelecido, que visam adicionar valor a uma utilidade ou a um processo produtivo.

As inovações incrementais, objeto do Elemento 4 deste livro, são a base da criação de uma cultura organizacional voltada ao melhoramento contínuo, exemplificado pelo bem-sucedido Sistema Toyota de Produção, que tem como princípio que o acúmulo de pequenas melhorias pode gerar retorno financeiro igual ou superior ao das iniciativas disruptivas.

Ressalte-se que o risco de perda de tempo, dinheiro e recursos é inerente ao processo de inovação. Por isso existe a prioridade às inovações incrementais contínuas, que representam uma estratégia gerencial de grande potencial e que podem ser desenvolvidas em ambiente de maior controle e menor chance de impactos negativos expressivos.

As primeiras referências à importância estratégica do tema são atribuídas ao economista austríaco Joseph Schumpeter, que o identificou, entre os anos 1930 e 1940, como um fator significativo para o crescimento econômico.

Nos estágios iniciais, a inovação era vista como um processo individual e resultado de uma combinação de inteligência, experiência e intuição. Com o decorrer do tempo, tomou corpo a compreensão de que ações dessa natureza não poderiam ficar ao sabor do acaso nem ocorrer de forma isolada.

Era preciso tornar o desenvolvimento e implantação de novas ideias uma prática sistemática e integrada à cultura da organização, como parte da busca pelo melhoramento contínuo, do aprendizado e da disseminação do conhecimento.

Esse papel estratégico viria a exigir a participação efetiva e o comprometimento dos líderes, culminando com a criação, em várias empresas, de áreas específicas dedicadas à gestão das iniciativas inovadoras na organização. Somente sendo consistente a inovação pode tornar-se parte dos condutores que levam a empresa à obtenção de posições vantajosas no mercado.

Essa abordagem permanente e estruturada, por sua vez, é uma resposta ao crescimento da concorrência. Ela permite que uma empresa consiga conquistar mais clientes, explorar novos nichos, reduzir custos, acentuar ou criar novos diferenciais e encontrar maneiras de preservar sua posição competitiva. Empresas que não inovam acabam sendo superadas por concorrentes, entrantes ou produtos substitutos.

O QR Code 2N leva ao vídeo preparado pela Agência de Desenvolvimento Paulista (Desenvolve SP), que apresenta os conceitos especialmente preparados para empresas de pequeno e médio porte, mas que são válidos para qualquer tipo de organização.

QR Code 2N – Empresas e projetos inovadores

http://livro.link/elementos2n

O entendimento dos aspectos de valor para os clientes e a compreensão de como os direcionadores, ou pelo menos parte deles, afetam a conquista de um posicionamento defensável contra as cinco forças competitivas permitirão à organização elaborar e implantar planos de ações que lhe assegurem vida longa e rentável.

Para o gestor, o conhecimento e o entendimento das estratégias competitivas da empresa e de seus clientes constituem elementos vitais para que suas ações e as de sua equipe estejam corretamente orientadas.

Os conceitos de estratégias e vantagens competitivas não se limitam ao universo empresarial, sendo aplicáveis também às pessoas na conquista de seus objetivos.

É razoável supor que todos os profissionais, ou pelo menos a maioria, desejam destacar-se em suas áreas de atuação e ser reconhecidos como membros importantes da equipe, o que é compatível com uma estratégia de diferenciação.

A construção de tal posição tem início com o entendimento dos aspectos de valor para seus clientes – as organizações em que trabalham –, que geralmente são traduzidos nos critérios de avaliação de desempenho aplicados periodicamente. Ao compreendê-los, os profissionais passam a identificar as dimensões nas quais poderão diferenciar-se, o que, aliado a uma autoanálise de pontos fortes e fracos, possibilita a definição de um plano de desenvolvimento para tornarem-se únicos.

O Quadro 2.2 apresenta um conjunto de critérios comumente utilizados para avaliar o desempenho dos colaboradores das empresas. Eles sempre estarão presentes, ainda que a organização não possua um processo formal e periódico para aplicá-los.

Quadro 2.2 Critérios de avaliação de desempenho e diferenciação

Requisito	Expectativa	Dimensão diferenciação	Condutor diferenciação
Competência técnica	Possuir, desenvolver e aplicar conhecimentos e habilidades técnicas necessárias à função	Confiabilidade e desempenho	Políticas arbitrárias e aprendizagem
Relacionamento interpessoal	Manter contatos adequados com colegas, clientes e fornecedores, de forma a evitar ou administrar conflitos	Atendimento	Elos/inter-relações
Solução de problemas	Aplicar conhecimentos técnicos e gerenciais na solução de problemas, com flexibilidade e capacidade analítica	Características	Aprendizagem e oportunidade
Trabalho em equipe	Trabalhar de forma produtiva em grupos e em forças-tarefa	Atendimento	Elos/inter-relações
Iniciativa	Ter proatividade e orientação para a ação. Iniciativa e "acabativa"	Características	Políticas arbitrárias
Direcionamento para resultados	Cumprir metas e objetivos com pontualidade e qualidade. Superar obstáculos com persistência e geração de alternativas	Desempenho e características	Políticas arbitrárias
Comprometimento	Estar alinhado com valores, metas e objetivos de pessoas, clientes e fornecedores. Atuar com ética e transparência	Qualidade percebida	Políticas arbitrárias

ELEMENTO 3

LIDERANÇA E GESTÃO DE PESSOAS

3.1 O QUE É LIDERANÇA

Se for realizado um levantamento sobre livros dedicados à gestão e administração publicados nas últimas décadas, não surpreenderá constatar que a liderança tem sido um dos temas mais abordados pelos acadêmicos e estudiosos do sucesso e do fracasso das organizações.

Isso não é obra do acaso. Cada vez mais se compreende como a forma de atuação dos líderes impacta os resultados organizacionais e sua sustentabilidade.

O que significa liderança? O que ela envolve? Qual seu papel? Existe um único tipo de liderança? Essas perguntas e tantas outras relacionadas são as primeiras a aparecer na mente do gestor, até porque esse profissional geralmente foi preparado para ser um técnico competente, e não para comandar equipes.

Definir o que vem a ser liderança não é uma tarefa fácil. Apontar líderes parece ser menos complicado e mais consensual.

Líder é uma palavra de origem celta que significa "aquele que vai à frente". Ninguém discute que Steve Jobs, Nelson Mandela ou Mahatma Gandhi lideraram grandes mudanças que afetaram o mundo inteiro. Mas o que caracterizou suas ações como liderança? Como aponta Warren Dennis, "assim como o amor, a liderança continuou a ser algo cuja existência todo mundo conhecia, mas que ninguém sabia definir".

Conceituar o que vem a ser liderança transformou-se em um desafio que levou vários pensadores a formular inúmeras proposições. Por exemplo (YUKL apud MACHADO, 2012):

- "Processo de influenciar as atividades de um grupo organizado em direção à realização de um objetivo." (Rauch e Behling)
- "É o processo de dar propósito (direção significativa) ao esforço coletivo e provocar o desejo de despender este esforço para se atingir o objetivo." (Jacobs e Jaques)
- "É o que dá a uma organização sua visão e capacidade para transformar essa visão em realidade." (Bennis)
- "É influência pessoal, exercida em uma situação e dirigida através do processo de comunicação, no sentido do atingimento de um objetivo específico ou objetivos." (Tannenbaum, Wesheler e Massarik).

A tais abordagens, uma contribuição abrangente pode ser agregada:

- Liderança é a soma de habilidades e competências técnicas, de relacionamento humano e de coordenação que possibilita a obtenção de resultados, levando a equipe de trabalho a atingir objetivos e vencer desafios de forma sustentável.

Limitando a compreensão do conceito de liderança ao ambiente empresarial, seu papel é bem definido pelo diagrama da Figura 3.1, preparado pelo professor Pedro Mandelli para as aulas sobre gestão de pessoas do MBA da Fundação Dom Cabral (FDC), em 1998.

Figura 3.1 Liderança no contexto empresarial.

Essa representação conceitual coloca a liderança como parte dos alicerces organizacionais. Eles constituem a sustentação para os pilares que levarão ao fornecimento de produtos e serviços que satisfaçam as expectativas dos clientes e à obtenção de resultados sustentáveis ao longo do tempo.

O que as várias definições parecem ter em comum é que a liderança é o resultado de um processo, o que significa dizer que ela envolve o acúmulo de pequenos aprendizados e comportamentos ao longo do tempo.

Essa posição é defendida pelo vídeo apresentado pelo QR Code 3A, que discute a conceituação do tema a partir de analogias, destacando o papel da consistência na construção desse perfil.

QR Code 3A – Liderança

http://livro.link/elementos3a

Os mais espirituosos chegam mesmo a dizer que esse processo de transformação para chegar a um perfil de liderança tem a capacidade de produzir uma criatura com seis olhos, um para cada *stakeholder* (ou parte interessada) que deseja ter suas expectativas atendidas:

- Os clientes buscam produtos e serviços de qualidade, além de atendimento adequado e preços justos.

- Os acionistas esperam rentabilidade de seus investimentos e vida longa da organização.
- A equipe de colaboradores deseja boas condições de trabalho, reconhecimento e oportunidades para crescimento pessoal e profissional.
- Os fornecedores batalham por relacionamentos lucrativos e de longo prazo.
- A sociedade cada vez mais exige que empresas atuem com responsabilidade ética, ambiental e social.
- O poder público requer das organizações o atendimento aos mandamentos legais e fiscais.

Atender a todas essas demandas, por vezes antagônicas, exige um posicionamento do líder que promova o equilíbrio no atendimento às partes interessadas (Figura 3.2).

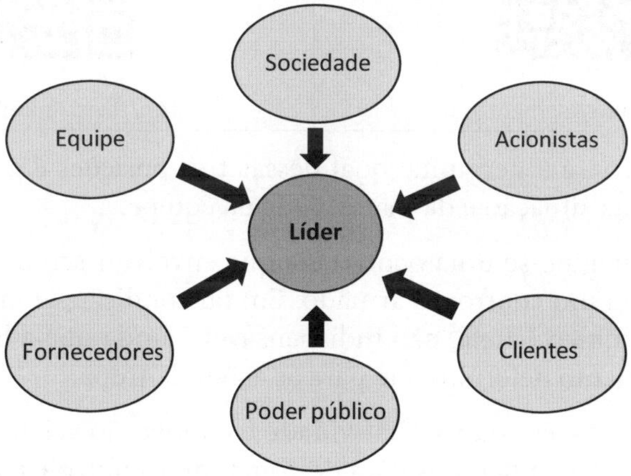

Figura 3.2 Liderança e partes interessadas.

Em todo esse contexto, é interessante destacar o significado de termos que não raramente são usados como sinônimos, mas na verdade não o são. Denominações como chefe, gerente e líder têm significados diferentes, por vezes complementares.

- Chefe
  - Posição formal na estrutura organizacional.
  - Funções básicas: comando e controle para obtenção do resultado.
- Gerente
  - Posição formal na estrutura ou informal na condução de projetos ou processos específicos.
  - Funções básicas: coordenação dos processos para obtenção de resultados.
- Líder
  - Independe de uma posição formal e em muitos casos indica a designação para a condução de projetos ou processos específicos.
  - Funções básicas: coordenação, motivação e inspiração da equipe para a obtenção de resultados.

Resumindo, o chefe tem o foco no controle; o gerente, na condução dos trabalhos e no alcance de metas; e o líder tem como centro de suas atenções a inspiração e a motivação das pessoas para alcançar os melhores resultados.

Discussões sobre o que distingue a chefia da liderança são particularmente comuns, até mesmo entre pensadores modernos, como o professor Mario Sergio Cortella, conforme exemplificam os vídeos dos QR Codes 3B e 3C.

QR Code 3B – Liderança	**QR Code 3C** – Liderança
http://livro.link/elementos3b	http://livro.link/elementos3c

Inevitavelmente virá a pergunta: qual dessas três posições é a mais adequada? A resposta: depende da situação e da maturidade da equipe.

Por exemplo, imagine-se uma ocorrência que envolva risco de morte, como uma operação policial ou um confronto armado. Em tal condição, comando e controle de um superior hierárquico (chefe) são indispensáveis, ainda que a liderança seja reconhecida como elemento determinante para as ações da tropa.

Em outra condição, em que a criatividade e a inovação sejam os elementos centrais, a equipe não se adapta a posições de comando e controle e um chefe é absolutamente ineficaz.

O que se tem, geralmente, é o envolvimento de equipes com combinações de diferentes competências e experiências, cujos resultados devem satisfazer às expectativas de todas as partes interessadas. Nesse cenário, os melhores desempenhos parecem ser obtidos pelo que podemos chamar de gestor: uma feliz combinação entre líder e gerente.

Como se nota, a tarefa atribuída aos atuais e futuros gestores está longe de ser simples. Há muitos desafios, e não existem receitas prontas que garantam o sucesso. Mas quanto mais conhecimentos forem absorvidos sobre a arte de levar pessoas a desempenhos excelentes, maior a chance de sucesso.

3.2 TEORIAS SOBRE LIDERANÇA

A tentativa de compreender como e por que um líder consegue motivar e inspirar pessoas não é privilégio dos tempos atuais.

Há registros de que os estrategistas dos exércitos romanos já se debruçavam sobre os problemas centrais de uma liderança efetiva (motivação, inspiração e comunicação). Menções ao papel da liderança foram verificadas nas narrativas das lutas gregas, das batalhas de Alexandre, o Grande, e até mesmo das conquistas do povo mongol iniciadas sob o comando de Gengis Khan.

Há informações sobre a existência de mais de 3 mil livros e artigos sobre casos de sucesso e de fracasso da liderança, na busca de compreendê-la a ponto de identificar regras e leis que regem esse tema.

Entre as inúmeras teorias sobre liderança, algumas se destacam. É possível agrupá-las de acordo com sua abordagem.

O primeiro grupo, das teorias com foco no líder, inclui a teoria do grande homem e a teoria dos traços, que predominaram nas organizações até a década de 1940. A teoria do grande homem, de base aristotélica, foi desenvolvida a partir de estudos sobre líderes como César e Napoleão e preconiza três ideias centrais:

- Ninguém se torna líder, e sim nasce com essa condição.
- Os indivíduos do tipo adequado aparecem de tempos em tempos e estão destinados a exercer profunda influência na sociedade. Todos os demais deveriam ser liderados.
- A liderança é parte do destino do indivíduo.

Já a teoria dos traços afirma que certos aspectos de caráter e de personalidade levam ao poder. Desenvolvida por meio da análise de 124 experimentos, identificou 34 traços de personalidade dos líderes eficazes, entre eles:

- sociabilidade e habilidades interpessoais;
- autoconfiança;
- ascendência e domínio;
- fluência verbal;
- equilíbrio emocional;
- busca de responsabilidade.

O segundo grupo é o das teorias com enfoques situacionais, que consideram a existência de outras variáveis que cercam o processo de liderança, além da personalidade do líder.

A base para o desenvolvimento dessas teorias é a constatação prática de que líderes que têm um bom desempenho com um grupo ou sob determinadas condições muitas vezes fracassam em outros grupos ou sob outras condições.

A abordagem situacional da liderança tem como principais fundamentos a teoria das trocas e a teoria contingencial ou do comportamento, que consideram, os seguintes aspectos:

- A situação faz surgir o líder necessário e conveniente.
- O líder hábil pode adaptar-se e antecipar-se às necessidades dos elementos do seu grupo.

- A liderança é função de três elementos:
  - o do indivíduo (personalidade, caráter, capacidade de realização, comunicação etc.);
  - o do grupo (inter-relações individuais, atitudes e necessidades);
  - o da situação (exigência das condições existentes, objetivos, ambiente, entre outros).

A teoria das trocas baseia-se na busca pelo equilíbrio entre líder e liderados, ou seja, os valores compartilhados pelo grupo irão definir a compatibilidade com as características do líder. São pontos centrais dessa teoria:

- A aceitação do líder depende do quanto ele seja considerado um facilitador do atendimento dos objetivos do grupo liderado.
- O alinhamento do líder com as normas e valores do grupo liderado é essencial.
- A eficácia do exercício da liderança depende da percepção que os liderados têm da figura do líder.

A teoria de liderança contingencial ou do comportamento, apresentada por Fred Fiedler em meados dos anos 1960, enfatiza que não há nada de absoluto nas organizações. Tudo é relativo; tudo depende das variáveis que influenciam os negócios empresariais, com uma característica de mudança constante, demonstrando que a realidade de ontem é a incerteza de hoje.

Os três principais pontos da teoria contingencial são os seguintes:

1. Basicamente, existem dois tipos de líderes: os orientados para a tarefa e os orientados para o relacionamento. Os papéis da liderança mudam, passando de um estilo "linha de frente" – em que a liderança define os objetivos e as atividades – para uma situação na qual a liderança é conhecida como "facilitadora" – em que o gestor coordena um processo e faz as adaptações necessárias para o atendimento dos objetivos, em conjunto com a sua equipe. Nesse formato, as principais características necessárias ao líder são a capacidade de trabalhar em grupo e a flexibilidade.
2. Não há um tipo de liderança melhor que o outro, nem um tipo que seja adequado a todas as situações e condições.
3. Liderança não se consegue com programas de treinamento e seminários de poucas semanas. O aprendizado leva tempo.

Essa abordagem resumida das teorias sobre liderança sugere que não há como definir comportamentos de líderes que possam ser classificados como melhores ou piores. Líderes diferentes podem atingir sua eficácia de maneiras particulares, dependendo das características do grupo e das situações envolvidas. Para isso, muito contribuem o perfil e o estilo de liderança, assuntos que serão apresentados a seguir.

3.3 LIDERANÇA E MOTIVAÇÃO DE EQUIPES

No item anterior, uma das definições apresentadas afirmava que liderança *é* a capacidade de levar a equipe de trabalho a atingir objetivos e vencer desafios de forma sustentável.

Nessa definição existe uma palavra que pode passar imperceptível: sustentável.

A condução de um grupo de trabalho com base em coerção e recompensa ("manda quem pode, obedece quem tem juízo") até pode trazer grandes resultados no curto prazo, mas estes dificilmente se perpetuarão. A razão disso é que nesse tipo de ambiente não acontece o efetivo engajamento e comprometimento das pessoas. Os resultados tendem a cair ao longo do tempo, na medida em que comando e controle perdem seu efeito em médio e longo prazos.

O desempenho de um grupo só se manterá em contínua melhoria se seus membros estiverem motivados para tal, e isso está na essência da forma como é conduzido. Afinal, liderança também pode ser entendida como a maneira pela qual as pessoas de um grupo são inspiradas e motivadas a atingir um objetivo.

A motivação de equipes para superar obstáculos e atingir resultados excelentes foi objeto de inúmeros e até controversos estudos, mas todos eles passam pela tentativa de entender a natureza das pessoas. Esse é o elemento central de três das mais reconhecidas teorias sobre esse tema, que serão sinteticamente apresentadas a seguir.

3.3.1 TEORIA X E TEORIA Y DE MCGREGOR

A teoria X e a teoria Y, retratadas por Douglas McGregor na década de 1960 em seu livro *The Human Side of Enterprise*, apresentam duas correntes antagônicas de pensamento sobre o relacionamento da empresa com seus colaboradores que vigoram desde a Revolução Industrial.

A teoria X, também chamada de hipótese da mediocridade das massas, defende que o ser humano médio tem uma aversão inerente ao trabalho e o evitará se puder e que a maioria das pessoas deve ser coagida, controlada, dirigida e ameaçada de punição para que os objetivos empresariais sejam atingidos. De acordo com essa teoria, as pessoas geralmente desejam evitar responsabilidades e querem segurança acima de tudo.

Crenças desse tipo foram o alicerce dos princípios da administração científica do taylorismo e do fordismo da década de 1910, que preconizava:

- Racionalização do trabalho e divisão das funções dos trabalhadores, para que estes se especializassem e ganhassem produtividade, reduzindo os custos.
- Condenação ao incentivo e à iniciativa dos trabalhadores com ideias para melhorar a produção ("criação de dependência da empresa").
- Hierarquização e sistematização, com os trabalhadores sendo monitorados pelo tempo de produção.

- Princípios:
  - o planejamento (previsão da sequência de tarefas, recursos e responsabilidades);
  - o coordenação (seleção e preparação dos trabalhadores);
  - o comando (disciplina do trabalho);
  - o controle (supervisão do serviço que estava sendo executado).

Charles Chaplin (1889-1977), ator e diretor inglês, retratou a teoria X em uma das mais famosas cenas do filme *Tempos modernos*, de 1936, que pode ser acessada pelo QR Code 3D.

QR Code 3D – Teoria X McGregor

http://livro.link/elementos3d

A teoria Y, em oposição à teoria X, preconiza a integração do indivíduo e da organização, defendendo que o trabalho é parte natural do ser humano e que as pessoas direcionam e controlam a si mesmas se estiverem comprometidas. Por essa visão, o potencial das pessoas é apenas parcialmente utilizado e o ser humano médio não só aceita responsabilidades como tende a buscá-la.

3.3.2 TEORIA DAS NECESSIDADES DE MASLOW

Abraham Maslow, psicólogo americano, publicou sua teoria das necessidades humanas em 1943, e, desde então, seus estudos tornaram-se referência para inúmeras aplicações, inclusive no campo da administração.

A teoria de Maslow aponta que os seres humanos possuem necessidades que podem ser colocadas em uma estrutura hierárquica, como ilustra a Figura 3.3:

Figura 3.3 Pirâmide de Maslow.

As necessidades fisiológicas consistem nas demandas por alimento, água, sono e calor. As necessidades de segurança incluem proteção contra ameaças ao corpo, estabilidade no emprego e segurança dos bens materiais, entre outros aspectos. As necessidades sociais consideram o que pode ser chamado de sentido de pertencimento: família, amizades, convívio social e parcerias sexuais. Dentro das necessidades de autoestima estão a autoconfiança, as conquistas, o reconhecimento e o respeito de outros e pelos outros. A última escala de necessidades, a autorrealização, engloba a colocação em prática de criatividade, talento, solução de problemas e desenvolvimento pessoal.

De acordo com Maslow, a motivação é o resultado de estímulos externos ou internos que afetam o indivíduo e levam-no a agir para satisfazer essas necessidades, que serão tão mais prementes quanto mais próximas estiverem da base da pirâmide.

Caso essas necessidades não sejam preenchidas, ocorrem frustração e desestímulo, que serão seguidos ou por comportamentos indesejáveis (falta de interesse, má vontade, moral baixo, insegurança, entre outros), ou pela busca de formas de compensá-las ou transferi-las.

O QR Code 3E ilustra os principais conceitos da teoria de Maslow.

QR Code 3E – Maslow

http://livro.link/elementos3e

3.3.3 TEORIA DOS DOIS FATORES DE HERZBERG

Ao contrário de Maslow, que estudou a questão das necessidades humanas em um panorama geral, Frederick Herzberg, psicólogo e professor em cursos de gestão empresarial, avaliou a motivação e a satisfação das pessoas dentro do ambiente organizacional com base em entrevistas com cerca de duzentos engenheiros e contadores da cidade de Pittsburgh, na Pensilvânia, Estados Unidos. Suas conclusões foram publicadas no livro *The Motivation to Work.*

Herzberg batizou o resultado de seu estudo de teoria dos dois fatores, que consistia em classificar os elementos que afetam o comportamento no trabalho em dois grupos: fatores motivacionais e fatores higiênicos.

Entre os fatores motivacionais, encontram-se os elementos que levam à satisfação. Esta, por sua vez, é função do conteúdo ou de atividades desafiadoras e estimulantes do cargo. São fatores que estão sob o controle dos indivíduos, por relacionarem-se com aquilo que ele faz e desempenha. A ausência de fatores motivacionais não leva à insatisfação, mas provoca uma condição de indiferença, que pode ser classificada como "não satisfação".

No grupo dos fatores higiênicos estão os elementos administrados e decididos pela empresa e que estão fora do controle das pessoas (extrínsecos). Nesse conjunto encontram-se os fatores cuja existência não leva à motivação, mas que, uma vez ausentes, provocam grande insatisfação. O Quadro 3.1 sintetiza esses dois tipos de fatores.

Quadro 3.1 Fatores motivacionais e higiênicos de Herzberg

Fatores motivacionais	Fatores higiênicos
Natureza do trabalho	Condições de trabalho
Realização pessoal	Administração da empresa
Reconhecimento	Salário
Progresso	Relações com o superior hierárquico
Responsabilidade	Benefícios

Essas teorias ajudam a explicar por que muitos profissionais com bons salários e benefícios podem mostrar-se apáticos e apresentar desempenho abaixo de seu potencial e das expectativas da organização. Com o apoio dessas abordagens, o líder pode refletir sobre como manter sua equipe motivada para alcançar e perpetuar resultados excelentes.

Uma apresentação ilustrativa da teoria dos dois fatores de Herzberg pode ser acessada por meio do QR Code 3F.

QR Code 3F – Herzberg

http://livro.link/elementos3f

3.3.4 A NATUREZA DAS PESSOAS

A compreensão dos fatores de impacto sobre a motivação humana pode tornar-se um elemento ainda mais poderoso, caso o gestor consiga também utilizar formas de abordagem mais adequadas às pessoas de sua equipe, de acordo com a natureza predominante de cada uma delas.

Temperamento é um termo usualmente empregado para definir aspectos da personalidade, ligados à forma de comportamento, decorrentes da afetividade, atividade (excitação) e atenção. Hipócrates, filósofo grego, foi o primeiro a formular uma teoria sobre os diferentes temperamentos, classificando-os em quatro tipos, que apresentam as seguintes características predominantes em termos de pontos positivos e negativos:

- Sanguíneo
  - Forças: cordial, eufórico, comunicativo, destacado, entusiasta, simpático, compreensivo, despreocupado, animador, emotivo, espontâneo, amistoso e enérgico.
  - Fraquezas: indisciplinado, emocionalmente instável, perde o controle com facilidade e é egocêntrico.
- Colérico
  - Forças: enérgico, resoluto, independente, esforçado, persistente, decidido, corajoso, incentivador, autoconfiante, audacioso, prático, otimista, rápido nas decisões e nas ações, ativo, organizado.
  - Fraquezas: insensível, irritadiço, violento, cruel, orgulhoso, arrogante, vingativo, frio, busca objetivos a qualquer preço, calculista e intolerante com opiniões diferentes das suas.
- Melancólico
  - Forças: analítico, perfeccionista, habilidoso, minucioso, sensível, reservado, leal, dedicado, espectador, disposto ao sacrifício pessoal e previsor de dificuldades e obstáculos.
  - Fraquezas: egocêntrico, extremista, ofende-se com facilidade, desconfiado, pessimista, indeciso, crítico, orgulhoso, vingativo, inflexível e egoísta.
- Fleumático
  - Forças: calmo, equilibrado, eficiente, prático, diplomático, bem-humorado, conselheiro, bom ouvinte, fiel, tímido, reservado, organizado, afável e com reconhecido bom senso.
  - Fraquezas: preguiçoso, desmotivado, provocador, teimoso, avarento, egoísta, debochado, indeciso, evita envolvimentos.

Ainda que essa classificação contribua para a melhor compreensão dos comportamentos, é muito pouco provável encontrar alguém que se enquadre completamente em um único tipo descrito. As pessoas possuem estilos que resultam da mistura, em maior ou menor grau, desses tipos, havendo predominância de um deles.

O site educamais.com disponibiliza um teste de temperamento com cerca de trinta perguntas com opções simples (sim ou não), que pode ser acessado pelo QR Code 3G. O resultado indica os percentuais de cada um dos tipos de temperamento presente na natureza do respondente, contribuindo para o autoconhecimento deste.

QR Code 3G – Teste de temperamento

http://livro.link/elementos3g

Existem formas de abordagens que podem ter maior eficácia na condução e motivação da equipe, respeitando o aspecto de personalidade predominante em cada colaborador. As principais sugestões são apresentadas a seguir.

- Sanguíneo: seja entusiasmado e positivo. Busque conselhos sobre ideias e projetos. Reconheça publicamente seus esforços, reforçando a autoestima, e deixe que ele se divirta com o desafio.
- Colérico: seja rápido e objetivo. Inicie pelos benefícios do trabalho pretendido e os desafios envolvidos. Diga o que precisa e deixe que ele determine como atender sua solicitação. Permita que ele exerça o controle da atividade, assumindo responsabilidades.
- Melancólico: seja cauteloso e amável. Incentive a participação em tarefas em grupo. Evite conflitos e propicie um ambiente harmonioso e pacífico para que execute as tarefas. Procure não designar trabalhos que envolvam pressão para desenvolvimento e conclusão.
- Fleumático: Seja analítico. Apresente as ideias de forma clara e objetiva. Ofereça condições e tempo para que o melhor possa ser feito, permanecendo disponível para desenvolver trabalhos conjuntamente.

3.4 PERFIS E ESTILOS DE LIDERANÇA

Não há dúvida de que Bernardo Rezende (Bernardinho) e José Roberto Guimarães, treinadores das seleções brasileiras de voleibol, são profissionais de enorme sucesso. Os inúmeros títulos mundiais e olímpicos conquistados por eles não deixam margem a qualquer discussão.

A despeito de terem conquistas equivalentes, é difícil encontrar pontos em comum entre essas duas personalidades. Bernardinho é agitado, exigente ao extremo. Grita, gesticula, dá bronca. Já José Roberto parece estar sempre controlado. Fala baixo e de forma didática com suas jogadoras, raramente transparecendo nervosismo ou frustração.

O que caracteriza as vitoriosas lideranças desses treinadores? Pergunta semelhante foi feita por muitos estudiosos do assunto ao analisarem líderes sociais e organizacionais, o que levou a uma série de categorizações de perfil (característica dominante) e de estilo (forma de atuar e de posicionar-se) para facilitar a compreensão da relação entre o tipo de liderança e os resultados.

Vale destacar que as palavras "perfil" e "estilo" de liderança são comumente usadas quase como sinônimos, o que pode gerar confusões, sugerindo que seu uso seja evitado. Nesse caso, o termo usado é menos importante do que o conceito que representa.

3.4.1 CARACTERÍSTICA DOMINANTE

A característica dominante da liderança é geralmente definida pela personalidade e pelas crenças pessoais do líder, que envolvem questões de valores familiares e sociais vigentes. Nesse aspecto, os líderes podem ser divididos em quatro grupos:

- Líderes autocráticos: é o perfil mais antigo e remonta à Pré-História. Baseia-se na condução impositiva de pessoas e na rígida disciplina, sendo eficiente em situações de perigo e emergência que exigem decisões e ações rápidas. Oficiais das Forças Armadas são exemplos clássicos desse perfil de liderança.
- Líderes democráticos: caracterizam-se por incentivar a participação da equipe nas tomadas de decisão e para isso compartilham regularmente as informações relevantes para o desenvolvimento dos trabalhos, mas sempre estabelecem limites de competências a fim de evitar choques com a estrutura organizacional. Esse perfil de liderança é eficiente quando há certa maturidade dos liderados e o tipo de trabalho não exige tomada de decisões de risco.
- Líderes liberais: nesse perfil o líder tem um papel de orientador, não definindo o que deve ser feito e quem o fará. Ele apenas sugere o que fazer e as equipes tomam suas próprias decisões.

  Não há efetiva ascendência do líder, que atua mais como um facilitador, sobre as pessoas. É eficiente quando há muita maturidade dos liderados ou quando se faz necessário um ambiente propício à criatividade, sem limites rígidos de tempo ou recursos para a execução dos trabalhos (caso de áreas de P&D e de empresas de alta tecnologia).
- Líderes burocráticos: é um perfil que também pode ser classificado como clássico. Segundo alguns especialistas, fez-se necessário desde que as primeiras civilizações começaram a organizar-se. Esse tipo de liderança caracteriza-se por seguir rigorosamente as instruções e diretrizes tanto empresariais como oficiais, o que muitas vezes se exemplifica pela expressão "vale o que está escrito".

  Sob esse perfil as decisões são lentas e sem riscos, havendo baixa incidência de erros, o que as torna próprias para áreas contábeis, jurídicas e regulatórias.

A título de observação, convém destacar que grupos comandados por líderes autocráticos são, em geral, mais produtivos, mas apenas quando supervisionados de perto. Deixados à vontade, tendem a parar de trabalhar.

Questões culturais também afetam a eficiência da liderança. Trabalhadores russos, por exemplo, têm histórico de baixo desempenho quando vinculados a líderes democráticos e participativos.

3.4.2 FORMA DE ATUAÇÃO

Não é só a característica dominante que define um tipo de liderança. Sua forma de atuação, ou jeito de ser, complementa a categorização dos líderes, tendo sido identificados onze tipos diferentes:

- Visionário: apresenta visões amplas e claras do que quer que aconteça. Molda e transmite com entusiasmo suas visões de futuro. Contagia pessoas, mas pode não ser um bom formador de equipe e gestor.
- Direcional: tem habilidade para escolher o caminho nas situações críticas. Avalia missão, valores, fraquezas, forças e recursos, para apontar a direção a seguir.
- Estratégico: tem capacidade de transformar visões em planos de ação que todos possam entender e do quais possam participar. Sincroniza os diversos setores da organização para focá-los na mesma direção. Geralmente complementa o estilo visionário.
- *Coach* ou Conselheiro: desenvolve sua equipe e seus sucessores. Mostra o destino, mas deixa outros trilhá-lo. Pratica os valores da organização. Assume os erros e atribui os acertos à equipe.
- Gerente: tem habilidade para estabelecer marcos da estrada (pontos de referência de um plano de ação) e capacidade para organizar e monitorar pessoas, recursos, procedimentos e sistemas para alcance da missão. É o estilo de líder que faz acontecer, complementando os líderes visionários, estratégicos e direcionais.
- Motivador: inspirador de pessoas e "levantador de moral" da equipe. Tem a percepção das necessidades de cada elemento do grupo para manter o ritmo e vencer desafios, mesmo em momentos de desânimo e frustração.
- Construtor de equipes: possui habilidade para colocar as pessoas certas no lugar certo, com os motivos certos, que vão produzir os resultados certos.
- Empreendedor: apresenta grande capacidade, energia e visão para iniciar novas operações e projetos. Em geral, perde o ímpeto quando as atividades deixam de ser parte de um novo desafio e tornam-se processos sedimentados e rotineiros.
- Pastor: trata, ouve, apoia e disciplina a equipe de forma extremamente diligente. A boa vontade no coração dos liderados por esse estilo de líder é o combustível para o alcance de metas. A equipe desenvolve vínculos emocionais e senso de lealdade com o líder.
- Reestruturador: possui marcante habilidade para recuperar e revitalizar organizações com problemas ("líder heroico" ou "Zorro"). Assim como o empreendedor, perde o ímpeto na medida em que os problemas da organização estão sanados e procura novos desafios.

- Construtor de pontes: tem diplomacia, habilidade de negociação e o dom de se relacionar com pessoas. Apresenta capacidade de unir as diferentes áreas da organização em torno de um objetivo que seja bom para todos.

A combinação da característica predominante com a forma de atuação do líder leva a dezenas de possibilidades, mas que têm limites de plausibilidade.

É muito provável que líderes liberais atuem como conselheiros ou motivadores, mas não há compatibilidade com as ações de um reestruturador. Já os líderes autocráticos podem agir coercitivamente, sendo impensável que tenham o comportamento pastor. Suas atitudes se aproximarão mais dos direcionais, gerentes, empreendedores ou reestruturadores.

Essas combinações de características e de forma de atuação são muitas vezes retratadas em personagens das obras da literatura e do cinema. Um exemplo disso pode ser identificado em cenas da animação *Vida de inseto*, acessível por meio do QR Code 3H.

QR Code 3H – Vida de Inseto

http://livro.link/elementos3h

Não é difícil imaginar que qualquer empresa gostaria de contar com uma equipe de líderes versáteis e que se complementem. Afinal, espera-se que qualquer organização enfrente momentos diferentes durante sua vida, que irão requerer características e comportamentos diferentes.

Sejam quais forem as características dominantes e o jeito de ser do gestor, ele precisará aprender continuamente para adquirir e aprimorar habilidades que lhe permitam adotar a melhor combinação de estilo e perfil requerida pelos desafios que se apresentarem.

Um teste de identificação do perfil de liderança, composto de respostas de múltipla escolha, pode ser acessado pelo QR Code 3I.

QR Code 3I – Teste de perfil de liderança

http://livro.link/elementos3i

3.5 PRÁTICAS DA LIDERANÇA

Não importa quais sejam as características do líder ou a natureza das pessoas da equipe. Há práticas que devem ser entendidas, desenvolvidas e implantadas com qualquer grupo de trabalho. Existem cinco práticas que constituem os pilares de sustentação de uma liderança bem-sucedida, válidas para qualquer situação. São elas:

Prática 1: Questionar o processo (desafiar o estabelecido)

- Desafiar o *status quo*: por que o processo é dessa forma? É possível fazer melhor? Como?
- Inovar, reconhecendo as boas ideias e colocando-as em prática, ainda que experimentalmente.
- Ouvir as pessoas mais próximas ao processo, reconhecendo-as como mais capacitadas para sugerir melhorias.
- Conduzir mudanças pela liderança confiável, definida pelos liderados como competência, honestidade, inspiração, transparência e justiça.

Prática 2: Inspirar uma visão comum (apontar o caminho)

- Acreditar que coisas extraordinárias podem ser feitas.
- Ouvir as expectativas de sua equipe em relação ao trabalho de cada um, ao atendimento ao cliente e ao desempenho empresarial.
- Visualizar um futuro brilhante (desafiador, mas factível), que seja fenomenal para a empresa e clientes e que contemple os sonhos e aspirações das pessoas.
- Compartilhar essa visão com a equipe com clareza e entusiasmo (*Yes, we can!*).
- Definir com a equipe sistemas, processos e eventos para a construção desse futuro.

A forma de inspirar uma equipe é o tema do diálogo entre Nelson Mandela, então presidente da África do Sul, e o capitão da equipe nacional de rúgbi daquele país, François Pienaar, na cena do filme *Invictus*, de 2009, que pode ser acessada pelo QR Code 3J.

QR Code 3J– Invictus

http://livro.link/elementos3j

Prática 3: Capacitar outras pessoas para a ação (eu × nós)

- Enfatizar em todas as oportunidades que a construção do futuro não é possível sem ajuda. Esse é um trabalho de equipe.

- Estimular a colaboração mútua.
- Treinar as pessoas para agir.
- Delegar autoridade aos liderados e oferecer apoio (*empowerment*).

Prática 4: Agir como exemplo (modelo a ser seguido)

- Considerar que a palavra tem o dom de convencer, mas só o exemplo tem o poder de arrastar pessoas.
- Ter em mente que a conquista do respeito e da confiança da equipe não depende de um título, mas do comportamento do líder.
- Saber que o líder é avaliado todo o tempo por sua equipe quanto à sua credibilidade.
- Conhecer a si mesmo e avaliar como garantir consistência entre seu comportamento, suas crenças e os valores empresariais.
- Compartilhar seus valores pessoais.
- Manter coerência entre palavras e ações.

O QR Code 3L ilustra a capacidade de uma ação exemplar de mobilizar pessoas.

QR Code 3L – O menino hindu

http://livro.link/elementos3l

Prática 5: Animar os corações

- Valorizar cada conquista para estimular a confiança e fortalecer compromissos.
- Comemorar pequenas vitórias como forma de reconhecer o esforço da equipe.
- Dar suporte a cada membro da equipe tratando erros como oportunidades de melhoria. Isso afasta o medo e conforta os corações.
- Conquistar um futuro brilhante é exaustivo e frustrante. Encorajar a equipe a seguir em frente é uma difícil tarefa do líder.

A aplicação integral dessas práticas não é algo que se domina do dia para a noite, nem algo que se aprende sem esforço, dedicação e, às vezes, frustração.

Essencialmente, essa competência resulta da combinação de conhecimento, habilidade e atitude, também conhecida pela sigla CHA, representada sinteticamente na Figura 3.4.

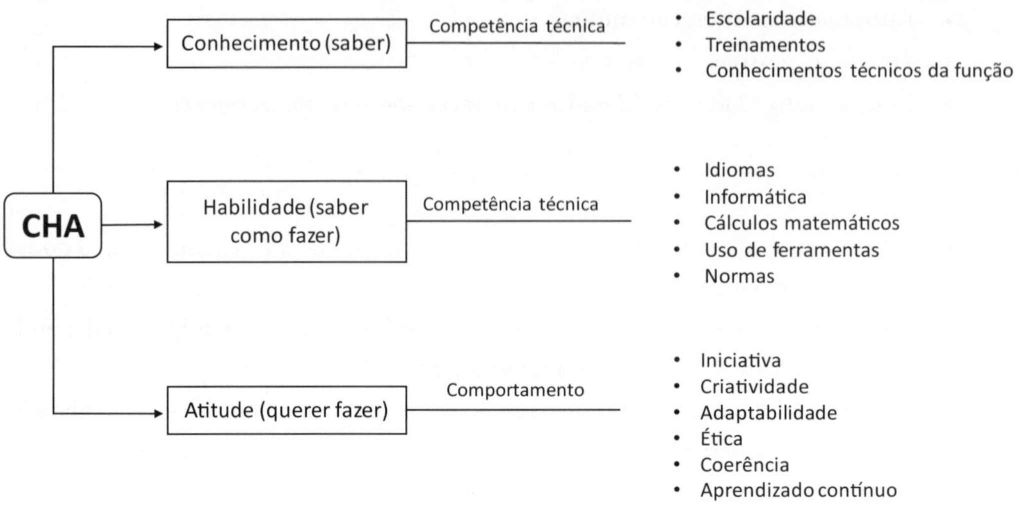

Figura 3.4 Conhecimento, habilidade e atitude (CHA).

Quanto mais refletimos sobre a liderança e sobre o modelo conhecimento + habilidade + atitude, melhor entendemos a profundidade dos ensinamentos contidos nesses conceitos e sua aplicabilidade a qualquer situação da vida.

3.6 FERRAMENTAS DE LIDERANÇA

Em itens anteriores, defendeu-se o conceito de que o gestor eficaz deve possuir conhecimentos, habilidades e atitudes para atuar em duas frentes: a melhoria de processos e a liderança de pessoas.

A atuação sobre os processos envolve o desenvolvimento de habilidades essencialmente técnicas e tem como referência o ciclo do melhoramento contínuo de Deming, também conhecido como PDCA (*plan, do, check, act*), mais recentemente definido como PDCL (*plan, do, check, learn*), que será abordado no Elemento 4.

As ferramentas de liderança de pessoas, ao contrário, não possuem qualquer embasamento matemático e requerem do gestor o conhecimento dos fatores que efetivamente levam as pessoas a atingir resultados acima da expectativa. São consideradas nessa categoria as ferramentas listadas a seguir.

3.6.1 COMUNICAÇÃO EFICAZ

O objetivo da comunicação eficaz é produzir, transmitir e receber a informação certa, na hora certa e de forma clara, envolvendo todos os interessados.

Destaque-se que, por definição, esse é um processo de duas vias, ou seja, envolve falar e ouvir. Isso exige do gestor comportamentos adequados, como controlar seu temperamento, ser paciente, afastar distrações e manter o foco na discussão.

Os problemas que falhas de comunicação podem causar são conhecidos por qualquer pessoa. Não há quem não tenha vivido situações de informações mal formuladas e de entendimentos equivocados, que acabam por levar a resultados indesejáveis, à perda da qualidade do ambiente de trabalho e até mesmo ao comprometimento da segurança de colaboradores, equipamentos e instalações.

O QR Code 3M exemplifica as consequências da má comunicação de forma lúdica e bem-humorada, com um trecho do desenho animado *Madagascar*.

QR Code 3M – Madagascar/Comunicação

http://livro.link/elementos3m

3.6.2 *FEEDBACK*

Trata-se da informação de retorno do líder a cada pessoa de sua equipe sobre seu desempenho pessoal e profissional, podendo ocorrer algumas vezes ao ano de maneira formal ou a todo momento por meio de elogios e orientação.

É importante ter claro que esse processo não é uma crítica, mas uma preciosa ferramenta para evolução e aperfeiçoamento, se bem entendida e aplicada. Por isso, convém que o *feedback* seja concluído com um plano de melhoria definido de comum acordo entre o líder e o liderado.

3.6.3 NEGOCIAÇÃO

Busca da aceitação de ideias, propósitos ou interesses, visando ao melhor resultado possível para todas as partes envolvidas.

É parte essencial da negociação o entendimento das necessidades e dos limites de ambas as partes – o que se deseja, o que pode ser oferecido e o que pode ser aceito.

A negociação sempre deve buscar uma solução que possa apresentar vantagens a todas as partes interessadas, gerando uma situação conhecida como ganha-ganha, o que certamente elevará a percepção de confiança mútua e aumentará a possibilidade de futuras negociações.

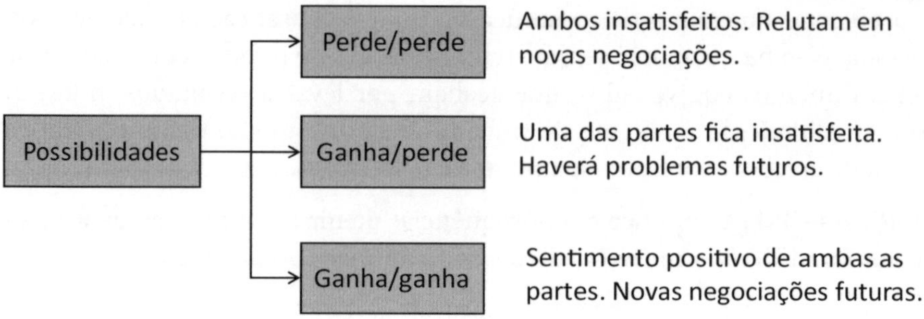

Figura 3.5 Possibilidades de resultados de uma negociação.

3.6.4 ADMINISTRAÇÃO DE CONFLITOS

Sob a ótica conservadora, nada mais é que percepções e interpretações divergentes das partes sobre um determinado assunto, que podem levar a uma ruptura. Atualmente, o conflito é visto por muitos como um meio, uma oportunidade de reconstrução de realidades e motor gerador de energia criativa.

Genericamente, os conflitos podem ser:

- Interpessoais
  - Hierárquicos: colocam em jogo as relações com a autoridade existente. Ocorre quando a pessoa responsável por algum grupo não encontra apoio junto aos seus subordinados e vice-versa.
  - Pessoais: dizem respeito ao indivíduo, à sua maneira de ser, agir, falar e tomar decisões. As divergências fazem com que as pessoas não se entendam e, portanto, não se falem.
- Inter ou intragrupos
  - Envolvem setores, departamentos, filiais, concorrentes, grupos étnicos e até países.

Em situações de conflito, o líder pode ter as seguintes abordagens:

- Abordagem estrutural: o conflito se forma a partir de percepções (não necessariamente verdadeiras), de tratamentos diferenciados, de favorecimento na distribuição de recursos limitados e desigualdade na delegação de autonomia. O líder deve atuar sobre esses elementos geradores de conflito, principalmente tornando transparentes as razões de suas decisões e priorizações.
- Abordagem de processo:
  - desativação do conflito, quando uma das partes é convencida a optar pela cooperação, promovendo o acordo;

   - o reunião de confrontação entre as partes, em que são abertos os motivos do conflito de maneira mais direta entre os envolvidos;
   - o colaboração, quando as duas partes são levadas pelo líder a buscar uma solução vantajosa para todos.
- Abordagem mista: envolve tanto os aspectos estruturais como os de processo, e pode ser feita a partir da adoção de regras para solução de conflitos ou pela criação de papéis integradores.

3.6.5 DELEGAÇÃO

Delegar é conferir autoridade a um outro, ou seja, "empoderar" esse outro.

A pessoa a quem se delega tem poder de decisão e autoridade para a execução de uma tarefa, o que pode representar uma importante estratégia para valorização, motivação e desenvolvimento dos colaboradores.

Destaque-se que a autoridade é delegável, mas não a responsabilidade, que continua a ser do líder.

Aspectos relevantes da delegação que o líder deve observar:

- Delegar tarefas que o liderado possa cumprir ("do tamanho certo").
- Ter clareza ao passar orientações e informações.
- Oferecer suporte e orientar a quem foi delegado.
- Evoluir delegações com complexidade crescente.
- Dar *feedback* periodicamente.
- Tratar erros como parte do processo de desenvolvimento.

São muitas as ferramentas, e seu domínio depende da aplicação diária pelo gestor. Neste campo, como em quase todos os demais, a prática leva ao desenvolvimento das habilidades e competências.

ELEMENTO 4

GERENCIAMENTO DE PROCESSOS

4.1 *BALANCED SCORECARD* (BSC)

Uma das maiores frustrações de um gestor é constatar que sua equipe está menos comprometida com a busca de melhorias e de resultados do que ele gostaria. Isso pode levá-lo a centralizar as decisões, das mais simples às mais complexas, o que tomará muito de seu tempo e o transformará em gargalo do processo.

Esse não é o caminho mais sensato, ainda que muitas vezes ele seja trilhado sem que o gestor se dê conta disso. Afinal, parece ser parte da nossa cultura acreditar que cabe ao líder resolver todos os problemas.

Para o bem da organização, das pessoas da equipe e do próprio líder, convém mudar essa crença. Levar a equipe a desenvolver-se a tal ponto que ganhe autonomia para a tomada de decisões deve ser o objetivo, como mostra o modelo de desenvolvimento de equipe de Tannembaum e Schmidt, representado na Figura 4.1.

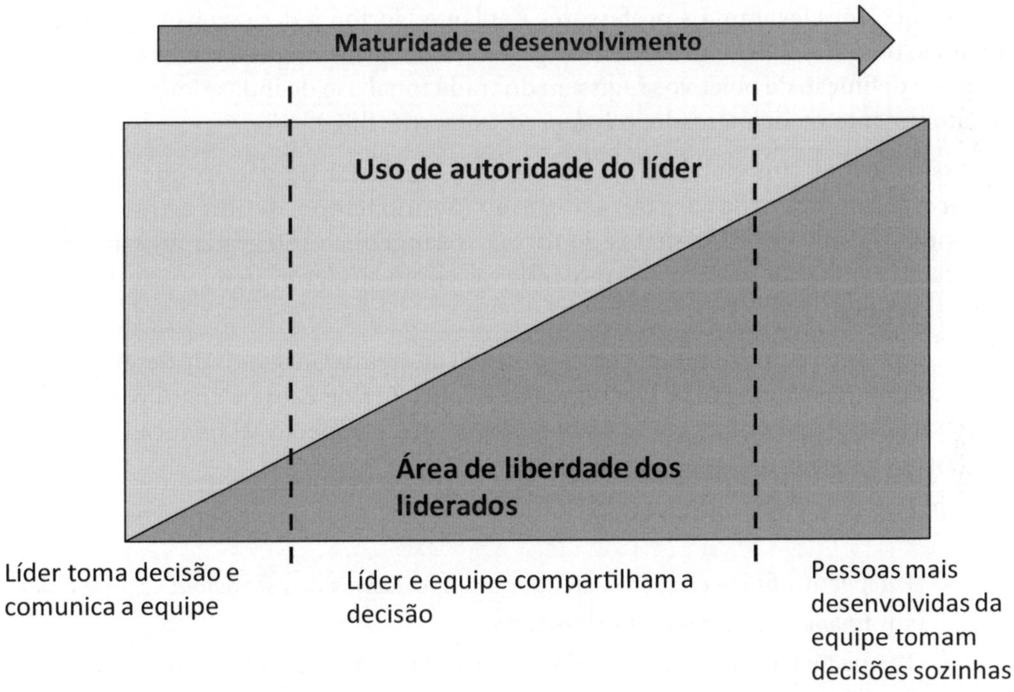

Figura 4.1 Modelo de desenvolvimento de equipe de Tannembaum e Schmidt.

Alinhados com essa abordagem, muitos líderes esforçam-se no sentido de desenvolver suas equipes:

- colocando ênfase nos fatores de sucesso da organização e do projeto;
- valorizando o comprometimento com o nível e qualidade dos resultados (prazos, metas e objetivos).
- definindo e divulgando indicadores para que todos avaliem a evolução do trabalho.
- buscando estruturar soluções de problemas.

A despeito de toda energia canalizada nessas ações, não raramente elas se mostram infrutíferas, de tal forma que um número reduzido de iniciativas e projetos empresariais é implantado com sucesso.

Estudiosos do desenvolvimento empresarial destacam as seguintes razões como principais responsáveis pela frustração desses esforços:

- Só uma pequena parcela do pessoal operacional compreende a estratégia da empresa.
- É difícil chegar ao comprometimento pleno das pessoas com algo que não conhecem e não compreendem.
- Os significados dos indicadores e suas conexões com os alvos empresariais são desconhecidos pela maior parte dos componentes das equipes de trabalho.

Tais questões levaram os professores Kaplan e Norton a desenvolver e apresentar, no início dos anos 1990, um modelo de gestão estratégica em que a medição dos resultados e a definição de objetivos fugissem do tradicional uso de indicadores financeiros, de faturamento ou de mercado: o *balanced scorecard* (BSC).

Assim, o BSC foi elaborado como uma ferramenta de gestão que permitisse medir o desempenho das organizações e, ao mesmo tempo, definir estratégias, planejamentos, indicadores e metas de forma abrangente e integrada, possibilitando que cada pessoa da equipe compreendesse como poderia afetar o desempenho organizacional.

Resumidamente, o *balanced scorecard* – indicadores balanceados de desempenho – parte de uma visão integrada da empresa e de relações de causa e efeito para a construção da estratégia do negócio por meio de quatro perspectivas: finanças, mercado, processos e pessoas/inovação/aprendizado.

O BSC pode ser definido como um desdobramento lógico das seguintes perspectivas:

- Perspectiva financeira: para atender às expectativas dos *stakeholders*, que objetivos financeiros devem ser perseguidos?
- Perspectiva do mercado: para atingir os objetivos financeiros, como os clientes podem ser conquistados e fidelizados?
- Perspectiva dos processos: para satisfazer os clientes, que processos internos devem buscar a excelência?
- Perspectiva de pessoas, inovação e aprendizado: para atingir a excelência nos processos, como devem ser preparadas as pessoas, praticada a inovação e incorporado o aprendizado?

O desenvolvimento do BSC a partir dessa sequência de perguntas leva a um mapa estratégico que define objetivos relacionados entre si em cada uma das perspectivas, como mostram os modelos genéricos das Figuras 4.2 e 4.3.

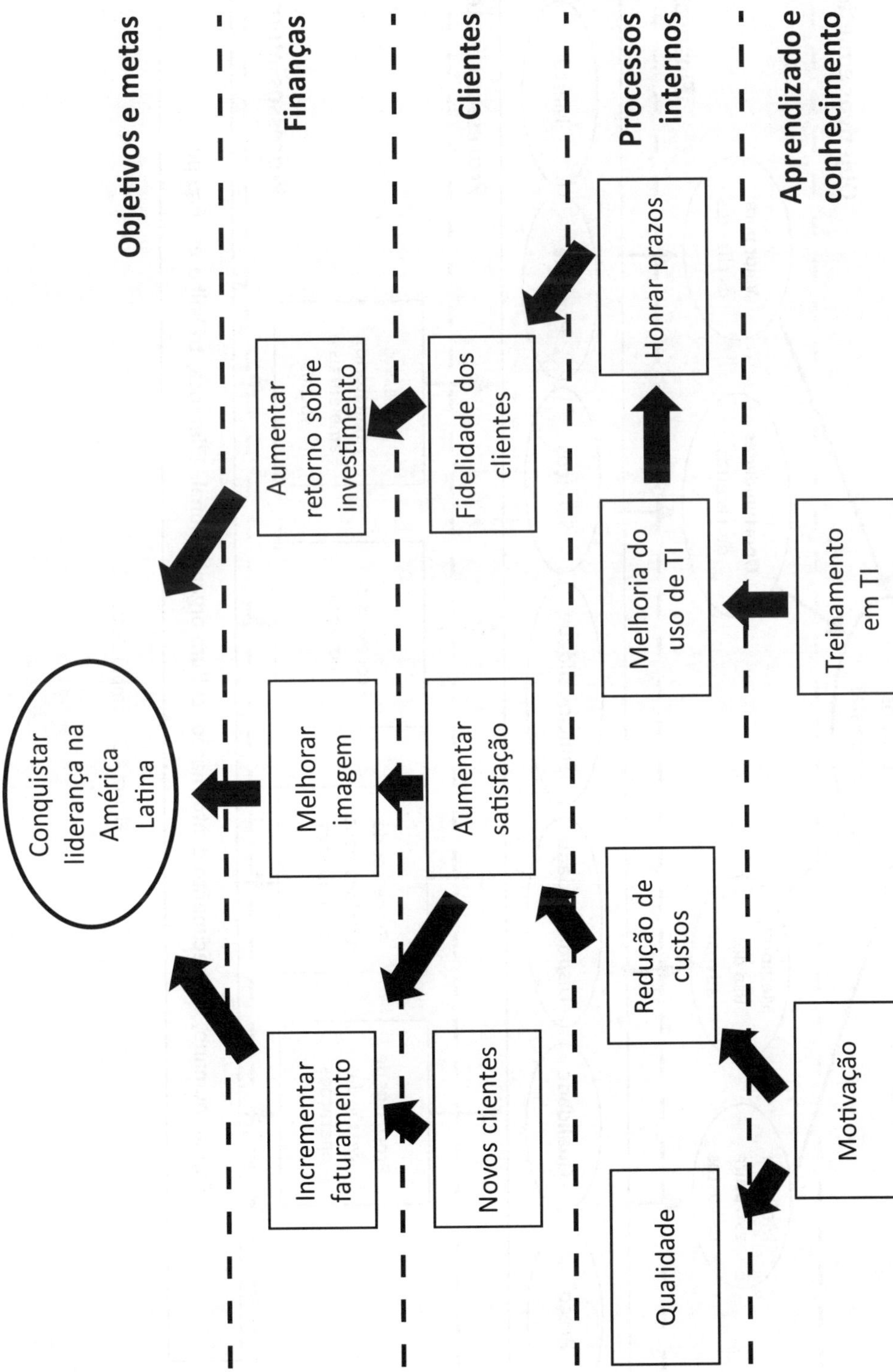

Figura 4.2 Exemplo de BSC (1).

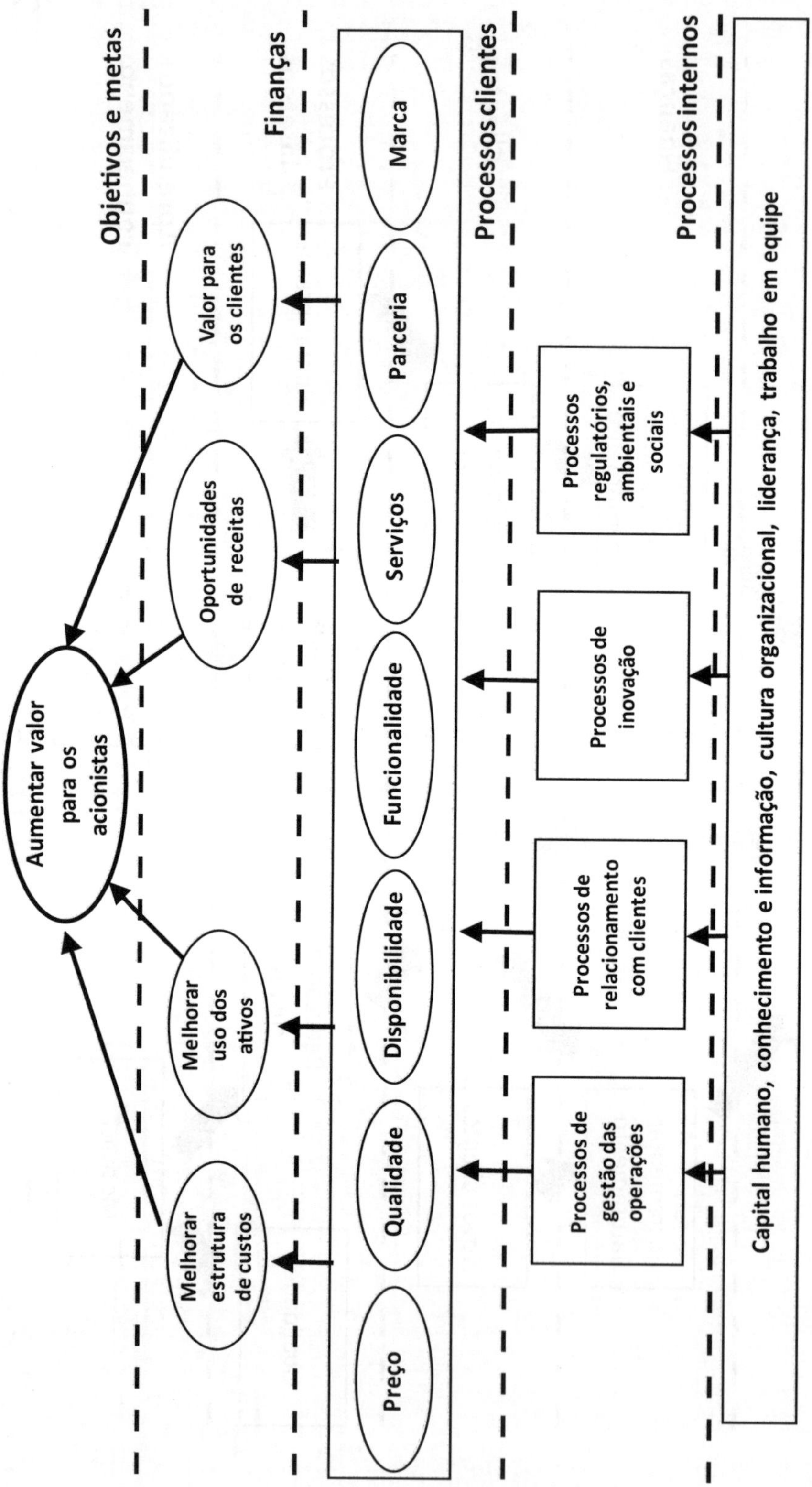

Figura 4.3 Exemplo de BSC (2).

Cada um desses objetivos relacionados às dimensões do BSC demandará abordagens gerenciais estruturadas que ampliem as chances de sucesso.

Tome-se como exemplo uma empresa aérea cujo objetivo financeiro seja maximizar a rentabilidade sobre os ativos. Para isso, os aviões deverão realizar maior número de voos, transportando mais passageiros, o que possibilitará praticar preços menores e conquistar mais clientes, aumentando receitas e lucros.

Para que as aeronaves façam mais voos, é preciso que o tempo no solo para limpeza, abastecimento e ações de verificação e manutenção de primeiro nível seja o menor possível, o que levará à medição e controle do processo.

O QR Code 4A apresenta uma entrevista do professor Robert Kaplan, um dos criadores do *balanced scorecard*. Nessa oportunidade, ele explica sua visão sobre a interconexão das ações nas quatro dimensões da ferramenta como fator de criação de valor para a organização.

QR Code 4A – Robert Kaplan

http://livro.link/elementos4a

A relação entre essas ações pode ser compreendida sem dificuldade, mas não basta definir indicadores e metas mais agressivos. É indispensável compreender o processo para identificar as oportunidades de melhoria e definir planos de ação.

Nesse contexto se fazem necessárias outras ferramentas de gestão, inseridas no contexto do método de análise e melhoria (MAM) aplicado a processos, como exemplifica a Figura 4.4.

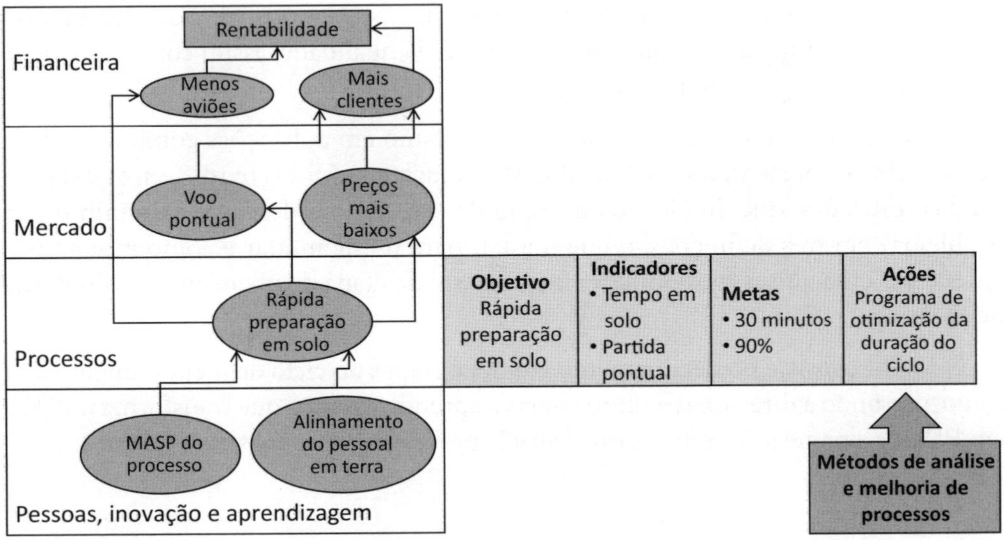

Figura 4.4 BSC e MAM.

O mapa estratégico, se amplamente divulgado a toda empresa, permitirá a cada pessoa compreender o papel de seu trabalho na consecução dos objetivos da organização. Com isso, a equipe passará a ter não só clara compreensão do que fazer e de como fazer, como também a razão pela qual as atividades são desenvolvidas.

4.2 ANÁLISE E MELHORIA DE PROCESSOS (MAM)

Originalmente, o método de análise e melhoria (MAM) ficou conhecido pela sigla MASP, método de análise e solução de problemas, desenvolvido no Japão e disseminado no Brasil a partir dos anos 1980. A mudança dessa nomenclatura é apenas uma adequação, considerando que o emprego dessas técnicas vai muito além da solução de não conformidades.

Trata-se de um processo lógico de abordagem, apoiado por um conjunto estruturado de ferramentas e metodologias consistentes e comuns, que pode ser utilizado para tratar qualquer tipo de problema e buscar melhorarias de desempenho e de resultados da equipe.

De operações a finanças ou serviços a clientes, o MAM é aplicável a qualquer situação, podendo ser reproduzido ciclicamente para promover um processo contínuo e sustentável de evolução. A despeito da simplicidade de suas ferramentas, a aplicação do MAM traz consistência e disciplina no gerenciamento dos negócios, no tratamento de problemas e na melhoria de processos.

Quando as equipes usam uma metodologia única e ferramentas similares para resolver suas questões, o conhecimento pode ser mais facilmente transferido para outras pessoas e áreas, permitindo que um padrão de desenvolvimento de análises e planos de ação seja estabelecido na organização.

A base do MAM é o ciclo de melhoramento contínuo ou PDCA, atribuído a William E. Deming, um dos pioneiros na gestão da qualidade, assim como o *six sigma* e outras metodologias em uso nas organizações.

A solidez desse conceito é verificada até mesmo em aplicações como o processo de raciocínio, apresentado por Eliyahu M. Goldratt, autor do livro *A meta* e da teoria das restrições, que divide a eliminação de um efeito indesejável (sinônimo para problema) em três definições: o que mudar, para o que mudar e como mudar. Não parece ser à toa que essas definições façam parte da etapa de planejamento do PDCA de Deming.

O MAM consiste no detalhamento em doze etapas do ciclo de melhoramento contínuo, passando a direcionar a última delas à aprendizagem, o que transforma o PDCA em PDCL (em que o "L" refere-se a "*learn*", aprender), como mostra a Figura 4.5.

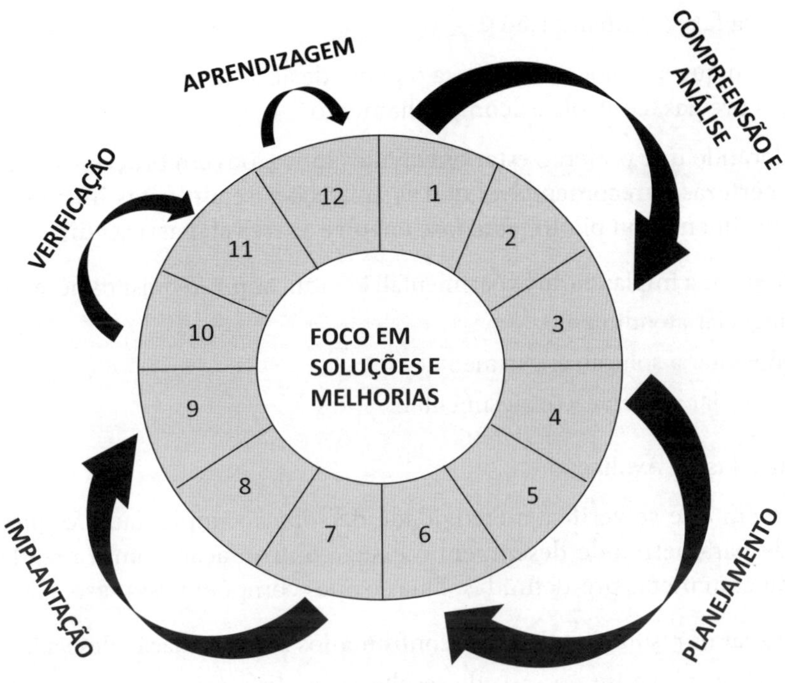

Figura 4.5 Etapas de desenvolvimento do MAM.

As etapas de desenvolvimento da abordagem lógica e focada preconizada pelo MAM são apresentadas a seguir.

- Primeira fase – Compreensão e análise

Dedicada ao entendimento do problema e à obtenção de informações que possibilitem o estabelecimento de um diagnóstico inicial e a definição de medidas imediatas. Divide-se em três etapas:

1. Identificar o problema ou efeito indesejado (não a provável causa). Evitar generalizações, delimitando o foco da questão a ser analisada.
2. Tratar/bloquear o efeito (ação imediata). Definir e priorizar informações e dados a serem coletados sobre o efeito indesejável.
3. Levantar possíveis causas-raízes do efeito indesejável (diagnóstico).

- Segunda fase – Planejamento

Essa fase é dedicada à definição de um plano de solução e de possíveis dificuldades que poderão exigir adequação, superação ou contorno. Envolve as três etapas a seguir:

4. Levantar e priorizar possíveis soluções para tratar as causas-raízes.
5. Identificar possíveis obstáculos à implantação das soluções priorizadas e formas de removê-los ou contorná-los.
6. Elaborar um plano de ação para as soluções priorizadas e para tratamento dos obstáculos (objetivos intermediários).

- Terceira fase – Implantação

É a fase em que se coloca em prática o plano de ação definido, o que pode requerer preparações prévias, controle e acompanhamento.

Considerando que poderão estar envolvidas inovações em processos que envolvem riscos e incertezas, é recomendável que as aplicações sejam feitas inicialmente como projeto experimental ou piloto. Essa fase envolve as três etapas a seguir:

7. Preparar a implantação experimental: identificar pré-requisitos necessários e providenciar atendimento.
8. Implantar a solução experimental.
9. Controlar a operação experimental.

- Quarta fase – Avaliação

É a fase em que se verifica a efetividade da solução implantada, o que envolve a medição de parâmetros de desempenho e sua confrontação com a realidade futura desejada ou com metas pré-definidas. Duas etapas compõem essa fase:

10. Avaliar os resultados obtidos e confrontá-los com a situação desejada.
11. Retomar a análise no caso de resultado insatisfatório ou padronizar a solução testada.

- Quinta fase – Aprendizagem

Envolve a captura e a disseminação da experiência adquirida, seja em acertos ou em erros, que serão importantes para futuras iniciativas. Uma única etapa é prevista nessa fase:

12. Registrar e compartilhar o aprendizado. Avaliar possibilidades de melhorias adicionais ou se desempenhos colaterais indesejáveis foram gerados.

Se observadas com um pouco mais de atenção, não é difícil verificar que essas etapas possuem semelhanças com protocolos clínicos usados em consultórios e hospitais, conhecidos como anamnese.

Quem já passou pela experiência de buscar ajuda médica em decorrência de dores, desconfortos ou mal-estares (efeitos indesejados) terá a lembrança de ter sido submetido a uma sequência de procedimentos que envolve os seguintes passos, aplicados pelo médico:

- Solicita que o paciente informe seus sintomas (identifica o problema ou efeito indesejável).
- Prescreve tratamentos que possam bloquear ou ao menos minimizar os sintomas, como antitérmicos e analgésicos. Perceba-se que apenas os desconfortos são tratados nessa etapa, uma vez que as razões do problema ainda não foram identificadas.

- Coleta informações sobre o histórico do paciente, como doenças preexistentes e hereditárias, realiza verificações gerais, como medir pressão e temperatura, procede ao exame clínico, solicita exames laboratoriais, se necessário, e outras medidas que possam ajudar na identificação das causas dos sintomas. Eventualmente o paciente poderá apresentar mais de uma queixa, e o médico precisará priorizar uma ou algumas delas para atuar.
- Identifica, com base em conhecimento e experiência, relações entre os sintomas e informações com prováveis causas, levando a um diagnóstico preliminar. Eventualmente solicita verificações adicionais para confirmar suspeitas iniciais (faz o levantamento das possíveis causas raízes do efeito indesejável).
- Identifica medicação a ser ministrada com melhor aplicação ao caso, além de outras medidas necessárias, como dietas, repouso ou fisioterapia (faz o levantamento e a priorização de possíveis soluções para tratar as causas raízes).
- Verifica se o paciente não apresenta outros problemas que impeçam o tratamento definido, como alergia a algum medicamento. Se houver, identifica alternativas (contempla possíveis obstáculos à implantação das soluções priorizadas e formas de removê-los ou contorná-los).
- Define medicação e outras medidas necessárias (elabora um plano de ação para a solução dos efeitos indesejados com adequação aos obstáculos).
- Providencia a preparação do paciente para administração do tratamento medicamentoso, como colocação de acessos intravenosos, fixação de eletrodos de monitoramento ou mesmo simples retirada de roupas que possam dificultar os procedimentos (prepara a implantação).
- Efetiva o tratamento definido, com a administração da medicação prescrita e outras medidas terapêuticas necessárias (implanta a solução definida).
- Verifica se o tratamento definido está sendo corretamente aplicado (controla a operação).
- Avalia se sintomas do paciente desapareceram e se outros efeitos indesejáveis foram identificados (avalia os resultados da operação).
- Conclui o atendimento caso tenha ocorrido a eliminação dos efeitos indesejáveis. Em caso de insucesso, reinicia o procedimento, considerando que houve provável identificação equivocada das causas (retoma ou padroniza).
- Efetua registros do procedimento aplicado e seus resultados. Armazena aprendizado na memória e o compartilha com outros médicos (registra e dissemina).

Para o desenvolvimento de cada uma dessas etapas existe uma gama importante de técnicas ou ferramentas específicas. As principais ou mais largamente utilizadas são apresentadas a seguir.

4.2.1 FERRAMENTAS DE PRIORIZAÇÃO DE PROBLEMAS A ATACAR OU MELHORIAS A SEREM TRABALHADAS

A necessidade de priorizar ações decorre do reconhecimento de que muito raramente haverá disponibilidade de recursos financeiros, estruturais, de tempo e de pessoas para que tudo possa ser trabalhado simultaneamente. Portanto, fazer escolhas torna-se sempre necessário, sendo altamente desejável contar com métodos que auxiliem nessa tarefa.

A primeira e provavelmente mais conhecida ferramenta de priorização é o diagrama de Pareto. Cientista político, sociólogo e economista italiano, Pareto desenvolveu pesquisas que levaram à conclusão de que 80% da riqueza concentrava-se nas mãos de 20% da população. Outros estudiosos verificaram que essa mesma proporção 80/20 repetia-se em inúmeras outras situações: 80% dos lucros das empresas vêm de 20% dos seus clientes, 80% das descobertas no mundo científico resultam do trabalho de 20% dos cientistas etc. Por essa razão, o diagrama de Pareto também ficou conhecido como regra 80/20.

De forma análoga, no ambiente organizacional 80% dos resultados insatisfatórios são reflexos de 20% das causas, o que significa que poucos problemas são realmente vitais e que a grande maioria é composta de itens triviais. Assim, concentrar esforços na eliminação de poucas causas vitais pode representar a solução de 80% a 90% dos efeitos indesejáveis.

A construção do diagrama de Pareto depende necessariamente da disponibilidade de dados, que podem ser o número de reclamações de clientes por natureza, tempo despendido por atendimento, custo por defeito, número de defeitos por tipo, ou outras informações estatísticas coletadas.

Tome-se como caso de estudo uma situação comum e recorrente de dispêndios com a frota de veículos, que vêm sendo maiores do que foi planejado. Medidas efetivas de redução de custos precisam ser tomadas com rapidez, uma vez que o descumprimento dos limites orçamentários não é uma opção.

A tabela a seguir apresenta os desembolsos realizados, classificados por tipo de veículo e natureza do gasto.

	Custos (R$)				
Tipo de veículo	**Combustível**	**Manutenção mecânica**	**Manutenção elétrica**	**Avarias**	**Manutenção hidráulica**
Sedan	63.934,00	26.039,00	4.297,00	1.561,00	
Pick-up leve	68.749,00	34.472,00	5.504,00	1.999,00	
Pick-up	187.479,00	29.750,00	4.683,00	1.701,00	
Caminhões	230.937,00	211.684,00	33.795,00	12.274,00	
Equipamentos					36.030,00
Total	551.099,00	301.945,00	48.279,00	17.535,00	36.030,00

O diagrama de Pareto permitirá definir quais deverão ser os focos prioritários de ação para redução de custos. Sua construção é feita a partir dos dados apresentados e utiliza as seguintes orientações:

- o eixo horizontal do diagrama é reservado à marcação dos eventos (nesse caso, despesas) em ordem decrescente de valor ou frequência;
- o eixo vertical recebe as respectivas grandezas envolvidas (por exemplo, custos, número de ocorrências), resultando em um gráfico de barras;
- a seguir, desenha-se uma linha que represente a soma das grandezas envolvidas.

A Figura 4.6 mostra o resultado das etapas de construção do diagrama de Pareto.

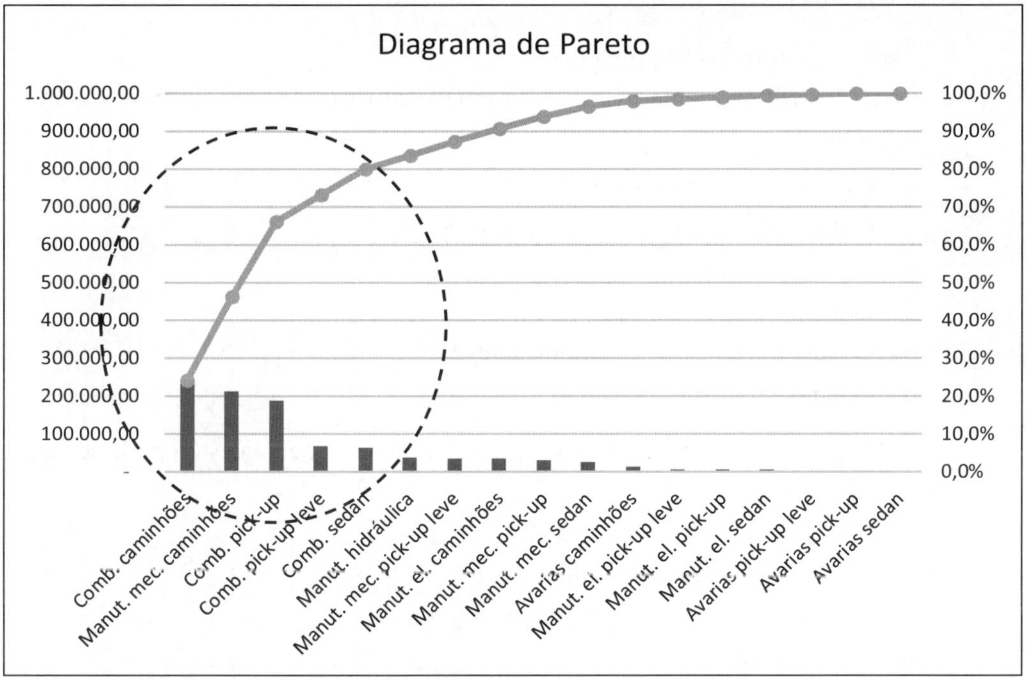

Figura 4.6 Exemplo de diagrama de Pareto.

Os efeitos que somarem cerca de 80% do total constituem o elenco prioritário para análises e ações.

O QR Code 4B ilustra a construção do diagrama de Pareto usando o programa Excel.

QR Code 4B – Diagrama de Pareto

http://livro.link/elementos4b

A despeito da funcionalidade do diagrama de Pareto, nem sempre sua aplicação é possível, devido à inexistência de dados estatísticos que possibilitem sua construção. Isso não elimina a necessidade de priorizar os problemas a atacar, dado que as restrições de recursos de todo tipo continuarão presentes.

Nessas condições, sugere-se a aplicação de uma ferramenta que tem como principal objetivo organizar o pensamento levando vários critérios em consideração. Essa ferramenta é conhecida como GUT, por levar em consideração três aspectos dos problemas em análise: a gravidade do problema, a urgência em encontrar uma solução e a tendência do problema a piorar. A simplicidade de sua aplicação torna-a uma das ferramentas mais rapidamente utilizadas pelas equipes. Ela consiste na seguinte sequência:

- Passo 1: listar todos os problemas
- Passo 2: atribuir a cada item listado uma pontuação de 1 a 5 para as seguintes análises:
  - Gravidade do problema (G)
    - O dano é extremamente importante, 5
    - O dano é muito importante, 4
    - O dano é importante, 3
    - O dano é relativamente importante, 2
    - O dano é pouco importante, 1
  - Urgência em encontrar uma solução ou tempo que a questão pode ser tolerada (U)
    - Necessita uma ação imediata, 5
    - Necessita uma ação urgente, 4
    - Necessita uma ação relativamente urgente, 3
    - Pode aguardar, 2
    - Não há pressa, 1
  - Tendência a piorar (T)
    - Caso nada seja feito, a situação vai piorar (crescer) muito, 5
    - Caso nada seja feito, a situação vai piorar (crescer), 4
    - Caso nada seja feito, a situação não se alterará, 3
    - Caso nada seja feito, a situação pode desaparecer sozinha, 2
    - Caso nada seja feito, a situação pode melhorar, 1
- Passo 3: efetuar o produto das pontuações, G × U × T.
- Passo 4: os problemas com os produtos da pontuação mais elevados deverão ter prioridade de ataque.

Tabela 4.1 Aplicação da GUT

	Gravidade (G)	Urgência (U)	Tendência (T)	Total G × U × T
Problema A	5	4	2	40
Problema B	4	2	1	8
Problema C	3	5	4	60
Problema D	4	5	2	40

A utilização do Excel para o desenvolvimento de aplicações da ferramenta GUT é apresentada no vídeo que pode ser acessado pelo QR Code 4C.

QR Code 4C – GUT

http://livro.link/elementos4c

4.2.2 FERRAMENTAS DE DESCRIÇÃO E INVESTIGAÇÃO DE PROBLEMAS E OPORTUNIDADES

Uma vez priorizadas as questões a serem trabalhadas, a etapa seguinte dedica-se ao entendimento dos processos envolvidos e à busca de fatos e dados que sustentem a definição de um plano de ação.

Fazendo uma analogia com os procedimentos médicos, um exame inicial e as reclamações do paciente levam a hipóteses das causas de seus males, mas só a realização de exames específicos e a investigação de seus hábitos de vida poderão levar a um diagnóstico preciso e ao tratamento adequado.

Três ferramentas se aplicam a esse fim: folha de verificação, fluxograma e 5We2H.

A folha de verificação consiste em uma tabela de coleta de dados previamente preparada considerando as informações que se pretende levantar. O exemplo da Tabela 4.2 mostra uma folha de verificação preparada para o estudo do absenteísmo dos usuários a consultas médicas agendadas em unidade de atendimento de saúde, por especialidade.

Tabela 4.2 Exemplo de folha de verificação (coleta de dados)

	Evento	Classificação geral	Pediatria	Puericultura	Pré-natal	Total
Abril	Marcadas	24	7	6	7	44
	Faltas	14	5	3	4	26
Maio	Marcadas	99	30	19	22	170
	Faltas	44	16	7	8	75
Junho	Marcadas	79	21	8	15	123
	Faltas	34	12	4	7	57
Julho	Marcadas	81	27	23	20	151
	Faltas	35	13	11	5	64
Agosto	Marcadas	83	32	14	9	138
	Faltas	48	12	8	5	73
Setembro	Marcadas	85	26	11	10	132
	Faltas	41	14	5	4	64
Outubro	Marcadas	95	29	13	7	144
	Faltas	46	16	5	3	70
Novembro	Marcadas	52	17	6	12	87
	Faltas	26	8	1	5	40
Dezembro	Marcadas	95	5	5	10	115
	Faltas	54	3	1	5	63

A segunda ferramenta, 5W2H, é construída para descrever detalhadamente cada etapa dos processos sob análise, de forma a permitir a identificação de seus componentes, procedimentos e responsabilidades.

Seu princípio considera todas as tarefas envolvidas de forma cuidadosa e objetiva, assegurando o entendimento de cada etapa analisada, com as identificações apresentadas no Quadro 4.1.

Quadro 4.1 5W e 2H

5W e 2H	
What	O que é feito?
Why	Por que é feito?
When	Quando é feito?
Where	Onde é feito?
Who	Quem faz?
How	Como é feito?
How much	Quanto custa?

O uso do 5W2H não se limita à descrição do estado atual do processo, sendo também aplicável na etapa de planejamento para implantação de projetos de melhoria, como será abordado adiante.

A terceira ferramenta de descrição e investigação, o fluxograma, é largamente aplicada e conhecida, e tem por objetivo representar graficamente a sequência de etapas de um processo, possibilitando sua fácil visualização e compreensão. Sua aplicação também objetiva organizar de forma lógica o trabalho/atividade, por meio de figuras geométricas de significado específico e de setas indicativas da sequência de atividades do processo, como ilustra a Figura 4.7.

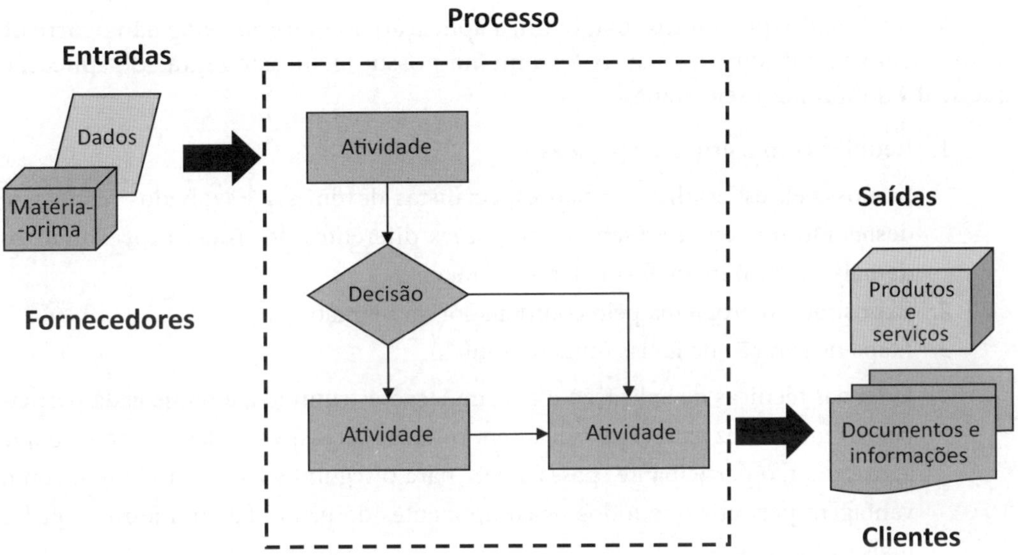

Figura 4.7 Fluxograma.

Alternativas ao fluxograma, como o mapa mental, também são aplicadas sem a rigidez acadêmica da ferramenta, mas atendem aos objetivos de descrição do processo. A Figura 4.8 exemplifica essa aplicação no caso de marcação de consultas médicas de um sistema de saúde.

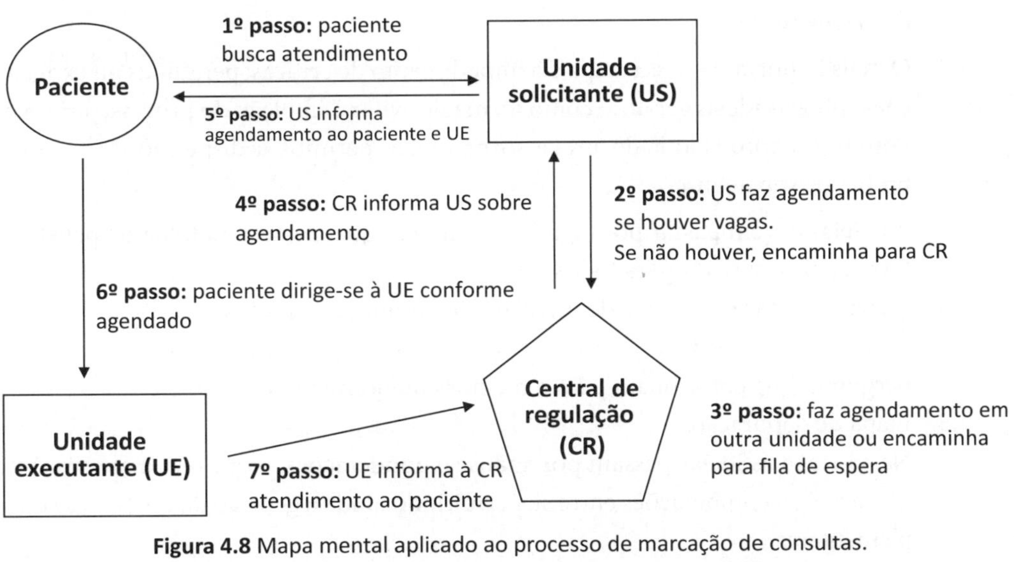

Figura 4.8 Mapa mental aplicado ao processo de marcação de consultas.

É possível encontrar o fluxograma com algumas outras denominações, sendo "diagrama de processo" uma das mais conhecidas.

A etapa de coleta de dados e informações sobre o processo torna-se mais efetiva se for precedida de um levantamento das causas prováveis do efeito indesejado, o que envolve uma das ferramentas mais conhecidas e menos praticadas corretamente: o *brainstorming*, ou tempestade de ideias.

Ao contrário do que muitos imaginam, a aplicação do *brainstorming* não ocorre de forma aleatória e desorganizada. A ferramenta possui técnicas e regras de aplicação que se desdobram em sete etapas:

1. Reunião com o grupo de pessoas.

   Se possível, especialistas e não especialistas devem ser envolvidos. Espera-se destes últimos que apresentem sugestões diferentes do usual, provocando os demais a pensarem de forma mais abrangente.
2. Exposição do problema pelo coordenador da reunião.
3. Etapa de geração de ideias (cinco minutos).

   Uma das técnicas de aplicação é a formulação estruturada, em que cada participante tem sua vez para expor ideias em rodadas sucessivas. Quando não há o que acrescentar, o participante "passa a vez" para o seguinte. Esse método tem como vantagem permitir que todos os componentes do grupo falem, mesmo aqueles mais introvertidos.

   Alternativamente, pode-se conduzir essa etapa do *brainstorming* de forma desestruturada, permitindo que os participantes falem à medida que as ideias surjam. Geralmente essa técnica leva a encadeamentos de pensamentos e torna o trabalho mais produtivo e inovador. Há ainda a opção de realizar a geração de ideias por escrito, usando papéis autoadesivos em vez de verbalização, chamada de *brainwriting*.

   O mais importante nessa etapa é o impedimento de críticas, perguntas ou explicações sobre as ideias geradas, como forma de evitar a inibição do processo criativo. Porém, o coordenador do processo não deve permitir a dispersão do foco do problema sob análise.

   As ideias devem passar por registro escrito em quadro, tela ou folha de papel, de forma a ficar visíveis para todos.
4. Etapa de esclarecimento e depuração inicial (quinze minutos).
   Cada participante deve esclarecer a(s) ideia(s) que propôs e pode ser submetido a perguntas que contribuam para o melhor entendimento de todos.
5. Etapa de depuração.
   Nessa etapa as ideias passam por análise e ponderações, o que leva a aprovações, descartes ou combinações entre si, permitindo ainda a geração de propostas complementares.

6. Etapa de escolha.

   Eventualmente o número de ideias pode ainda permanecer grande para viabilizar a realização de pesquisas mais profundas. Nesse caso, sugere-se a promoção de escolha das mais promissoras por voto aberto ou fechado dos participantes.

7. Registro.

   Registram-se todas as ideias em uma ata de reunião para preservação da memória do processo e possível resgate quando necessário.

Para o caso do alto consumo de combustível apresentado anteriormente, o uso dessa ferramenta poderia gerar a seguinte lista de causas iniciais ou aparentes para o problema:

- motor desregulado;
- uso incorreto das marchas;
- aceleração desnecessária quando está parado;
- uso de alta velocidade;
- desconhecimento da correta operação do veículo;
- inexistência de indicador de direção econômica;
- manutenção de primeiro nível inadequada;
- combustível de má qualidade;
- baixa pressão dos pneus;
- lubrificação inadequada;
- peso excessivo.

A técnica do *brainstorming* não se presta apenas ao levantamento de hipóteses de causas iniciais do problema: é também aplicável à geração de soluções passíveis de implantação.

O QR Code 4D ilustra as principiais regras e pontos de atenção na condução de uma sessão de *brainstorming*.

QR Code 4D – *Brainstorming*

http://livro.link/elementos4d

4.2.3 FERRAMENTAS DE ESTUDO DE CAUSAS

Uma vez coletadas as informações e dados estatísticos sobre os processos envolvidos no problema/melhoria desejada e discutidas suas prováveis causas aparentes, a etapa seguinte envolve a identificação das reais fontes do desempenho abaixo do necessário, também chamadas de causas raízes.

A ferramenta usualmente aplicada nessa etapa recebe os nomes de diagrama de causa e efeito, diagrama espinha de peixe (pelo seu formato), ou ainda diagrama de Ishikawa (em homenagem a seu criador, Kaoru Ishikawa), e é construída a partir das causas aparentes ou efeitos identificados na etapa de coleta de dados, investigação da questão e *brainstorming*.

Inicialmente, esses efeitos são classificados em categorias de acordo com sua natureza, que usualmente (mas não obrigatoriamente) envolvem problemas com máquinas, métodos, mão de obra, medidas, meio ambiente e matéria-prima, também conhecidos como 6M. Essas causas aparentes, assim categorizadas, devem ser alocadas no diagrama como espinhas derivadas de um ramo principal, como mostra a Figura 4.9.

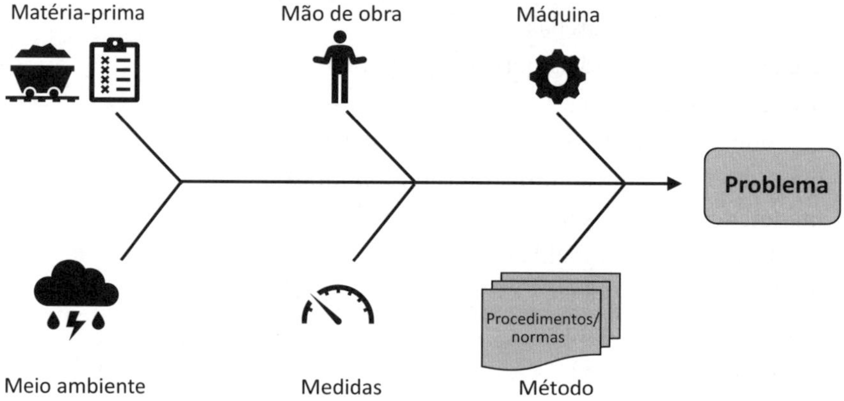

Figura 4.9 Diagrama de espinha de peixe ou de Ishikawa

No passo seguinte, formulam-se sucessivos questionamentos ("porquês") sobre a causa de cada efeito. As respostas são colocadas em espinhas menores, até que se chegue às raízes do problema, como ilustra a Figura 4.10, referente ao problema do alto consumo de combustível dos veículos usado no exemplo anterior.

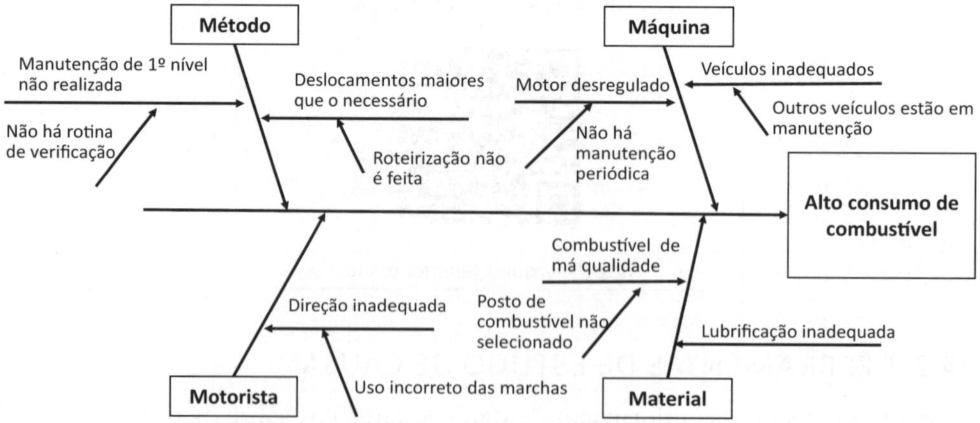

Figura 4.10 Questionamentos de causa e efeito aplicados ao elevado consumo de combustível.

Como se vê, inúmeras causas raízes podem ser identificadas por esse método, como a falta de conhecimento do motorista sobre a manutenção do veículo, o combustível inadequado, a falta de calibragem dos pneus e até mesmo um eventual problema de audição do condutor que o leva a usar incorretamente as marchas. Essas causas se tornarão os objetos de definição e implantação de ações corretivas ou de melhoria.

O QR Code 4E possibilita o acesso a um vídeo tutorial sobre a construção do diagrama de Ishikawa.

QR Code 4E – Diagrama de Ishikawa

http://livro.link/elementos4e

A quinta ferramenta, "porquês", representa uma alternativa ao diagrama de Ishikawa, mas exibe o caminho investigativo em formato de tabela. Segue a mesma lógica de tomar como ponto de partida as causas aparentes ou efeitos levantados nas etapas anteriores, submetendo-os a sucessivos "porquês". Em geral, chega-se às causas raízes da questão em até cinco vezes que essa pergunta seja feita.

Quadro 4.2 Tabela dos cinco porquês

Causa aparente	Por quê?	Por quê?	Por quê?	Por quê?	Por quê?

4.2.4 FERRAMENTAS PARA LEVANTAMENTO E DEFINIÇÃO DE SOLUÇÕES

Uma vez identificadas as causas raízes dos problemas ou os pontos-chave de melhoria, as ações necessárias praticamente se autodefinem.

De qualquer forma, a realização de um *brainstorming* direcionado ao levantamento de ideias sobre possíveis soluções certamente tornará o trabalho mais rico e potencialmente mais eficiente.

A condução do *brainstorming* de possíveis soluções ou melhorias segue exatamente os mesmos passos já abordados. Nessa fase, provavelmente haverá a geração de várias alternativas, mas somente algumas poderão passar à fase de implantação, dada a impossibilidade de implantar todas elas pelas limitações já mencionadas anteriormente.

Para orientar essa escolha, duas ferramentas podem mostrar-se muito úteis ao gestor, ainda que detenham certa dose de subjetividade na avaliação dos parâmetros que as integram.

A primeira delas, conhecida como matriz esforço × impacto, consiste basicamente em classificar cada possível solução de acordo com sua expectativa de resultado na solução do problema/melhoria pretendida *versus* a dificuldade de sua implantação, considerando todos os aspectos envolvidos – custos, investimentos, qualificação de pessoal, percepção dos clientes, disponibilidade de equipamentos, existência de áreas e demais necessidades de implantação.

A partir dessa classificação, a priorização considera as alternativas que possibilitem as melhores combinações de elevados resultados esperados com baixo esforço requerido. Essa análise, exibida graficamente, resulta em um diagrama como o da Figura 4.11, o qual evidencia que as soluções deverão seguir a sequência de prioridades indicada pelo número dos quadrantes.

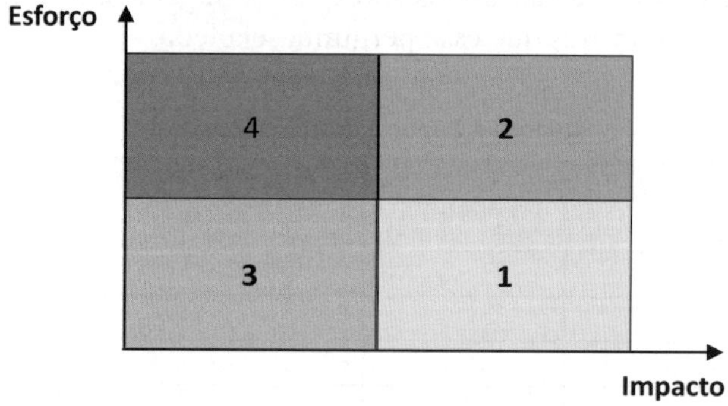

Figura 4.11 Matriz esforço × impacto.

A segunda ferramenta é conhecida como FIRE (função, investimento, retorno e exequibilidades) e assemelha-se à GUT, mas é voltada à priorização de possíveis soluções. Sua aplicação envolve avaliações das alternativas existentes por meio da atribuição de pontuação quanto ao:

- F (Cumprimento da função)
    - Cumpre totalmente a função, 5
    - Cumpre muito da função, 4
    - Cumpre parcialmente a função, 3
    - Cumpre pequena parte da função, 2
    - Cumpre muito pouco da função, 1

- I (Investimento)
  - o Baixíssimo, 5
  - o Baixo, 4
  - o Médio, 3
  - o Alto, 2
  - o Altíssimo, 1
- R (Retorno do investimento)
  - o Curtíssimo prazo, 5
  - o Curto prazo, 4
  - o Médio prazo, 3
  - o Longo prazo, 2
  - o Longuíssimo prazo ou retorno inexistente, 1
- E (Exequibilidade ou dificuldade de implantação)
  - o Muito fácil, 5
  - o Fácil, 4
  - o Médio, 3
  - o Difícil, 2
  - o Muito difícil, 1

As possíveis soluções são avaliadas em relação a cada um desses quatro critérios e recebem suas respectivas pontuações, levando a um resultado geral dado pelo produto F × I × R × E. Isso permite orientar a seleção das alternativas de *score* mais elevado, como exemplificado na Tabela 4.3.

Tabela 4.3 Tabela de priorização de soluções pelo FIRE

Alternativa	Função	Investimento	Resultado	Exequibilidade	FIRE
A	5	2	2	2	40
B	4	2	1	2	16
C	3	5	4	2	120
D	4	5	2	4	160

4.2.5 FERRAMENTAS PARA DEFINIÇÃO DE PLANO DE IMPLANTAÇÃO

Definida a seleção das soluções, a próxima etapa é partir para sua implantação experimental ou definitiva. Para isso, torna-se necessário considerar todas as tarefas a serem executadas de maneira cuidadosa e objetiva, assegurando sua implementação de forma organizada.

Nesta etapa, as mesmas ferramentas utilizadas para descrever o estado atual do processo, como o fluxograma e o 5W e 2H, fornecem os instrumentos necessários. Todavia, esta última parece ser a mais adequada, talvez por permitir maior facilidade de identificação de ações e responsabilidades, principalmente em segmentos operacionais.

O modelo do Quadro 4.3 pode servir de orientação para a construção do plano de implantação, já acrescido de uma definição adicional: como será medido (*show me*). Isso transforma a ferramenta em 5W, 2H e 1S.

Quadro 4.3 Planejamento 5W, 2H e 1S

O quê? (What?)	O que faremos?
Quem? (Who?)	Quem será responsável pela prática da solução adotada? Quem será responsável pelas tarefas ao longo do projeto?
Quando? (When?)	Em que momento será realizado? Depende de alguma atividade?
Onde? (Where?)	Em que lugar, em que máquina ou local de trabalho será desenvolvido?
Por quê? (Why?)	Pergunta indispensável para verificação e para constatar que o plano a ser desenvolvido é realista e resolve o problema
Como? (How?)	De que forma procedemos para que possamos alcançar a máxima eficiência?
Quanto custa? (How much?)	Quanto custa para realizar a ação proposta?
Como medir? (Show me)	Quais são os indicadores a serem usados?

O QR Code 4F ilustra, de forma didática, o uso dessa ferramenta no estabelecimento de planos para a colocação em prática de projetos de melhoria e otimização dos processos.

QR Code 4F – 5W2H

http://livro.link/elementos4f

4.2.6 GERENCIAMENTO DA IMPLANTAÇÃO

Todos os esforços para levantar dados e informações sobre o problema/oportunidade, compreender suas causas raízes, gerar e priorizar soluções e definir planos de implantação podem ser ineficazes caso a colocação em prática não seja cuidadosamente acompanhada, assegurando o cumprimento dos cronogramas e a rápida identificação de desvios do plano original.

Nessa etapa, é importante contar com o compartilhamento de responsabilidades, de modo que o controle da implantação não seja atribuído apenas ao gestor. Para isso, é necessário dispor de um instrumento que permita a todos acompanhar e compreender o andamento dos trabalhos, identificando facilmente todas as etapas, os responsáveis e o cumprimento de prazos.

Uma ferramenta que possibilita essa publicidade estratégica das ações é conhecida como diagrama de Gantt, em homenagem a seu criador, o engenheiro mecânico Henry Laurence Gantt (1861-1919). A construção do diagrama de Gantt envolve as seguintes etapas:

- listar as atividades necessárias em um plano de ação;
- determinar as datas de início e fim das atividades, analisando os limites para o sucesso do plano, encadeamentos necessários, atividades precedentes, sucessoras e recorrentes;
- organizar as atividades no gráfico ordenando-as pela data de início e fim;
- acompanhar a execução das etapas, registrando-as no gráfico logo abaixo das previsões de início e fim.

Recomenda-se que esse diagrama, ilustrado na Figura 4.12, seja colocado em local de fácil visibilidade e acompanhado por todos.

Outro cuidado a ser tomado refere-se à atualização periódica dos dados e à indicação da data a que se referem as informações mostradas. Gráficos desatualizados perdem credibilidade e tornam-se apenas mais um quadro na parede.

Existe um modelo pronto do diagrama de Gantt para utilização no Excel, denominado planejador de projetos, e sua utilização é apresentada no vídeo que pode ser acessado pelo QR Code 4G.

QR Code 4G – Diagrama de Gantt

http://livro.link/elementos4g

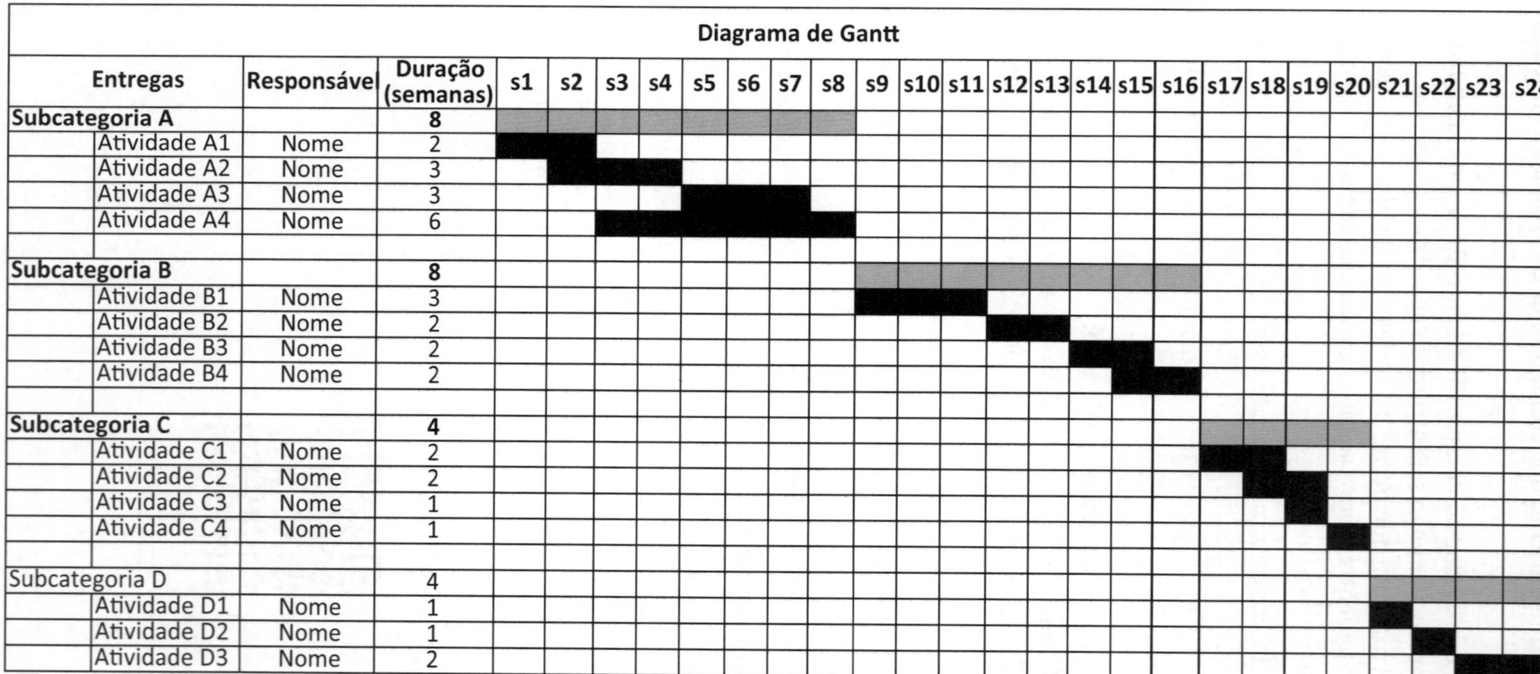

Figura 4.12 Diagrama ou gráfico de Gantt. Fonte: seomartin.com.

4.2.7 FERRAMENTAS PARA CAPTURA E INCORPORAÇÃO DO APRENDIZADO

Qualquer atuação no sentido de eliminar causas de problemas ou melhorar processos leva, inevitavelmente, ao aprendizado, ainda que seja das coisas que não deram certo.

Thomas Alva Edison, um dos inventores e empresários mais celebrados da história, ao ser perguntado sobre o insucesso de inúmeras tentativas de desenvolver a lâmpada elétrica, teria respondido: "Eu não falhei. Apenas descobri 10 mil maneiras que não funcionam".

As conquistas desse trabalho precisam ser capturadas, incorporadas e consolidadas como parte do capital de conhecimento da organização, o que envolve registros em procedimentos de trabalho que posteriormente servirão de base para o treinamento e orientação de pessoal, mudanças de processos, revisão de especificações e outras alterações.

Esse aprendizado sobre falhas, suas causas, consequências e formas de detecção pode e deve ir mais longe, sendo aplicado em medidas preventivas. Nesse contexto surge uma ferramenta conhecida como FMEA, sigla em inglês para *failure mode and effect analysis*, usada para aumentar a confiabilidade de um produto durante a fase de projeto ou processo.

Simplificadamente, a ferramenta FMEA possui a mesma lógica estrutural da ferramenta GUT, apresentada anteriormente, com a diferença de que enquanto a GUT prioriza o foco de atenção para a solução de problemas existentes, a FMEA possibilita a seleção de potenciais problemas a serem evitados ou mitigados.

A metodologia consiste em sistematizar um grupo de atividades para identificar possíveis ocorrências indesejáveis e avaliar seus efeitos para o projeto/processo. A partir da priorização dessas potenciais falhas, busca-se a definição de ações para eliminar ou reduzir a probabilidade de ocorrência, aumentar a chance de detectá-las antes que provoquem danos às pessoas e à sociedade, ou, em último caso, diminuir seus efeitos indesejáveis. Desse modo, obtém-se uma lista de possíveis falhas, organizadas por ordem do risco que elas representam e com respectivas ações a serem tomadas.

Assim, garante-se que as possíveis falhas de um projeto ou processo sejam consideradas e tratadas preventivamente, o que representa confiabilidade dos produtos e serviços para os clientes e redução de riscos para a organização.

Embora a aplicação da ferramenta esteja mais difundida em projetos e processos produtivos, a FMEA não se limita a esses segmentos e encontra aplicações em outras áreas de uma organização, como administração, manutenção de ativos, tecnologia da informação, segurança do trabalho, segurança empresarial, serviços e operações de sistemas em geral, com o intuito de trazer importantes benefícios para o negócio. São conceitos importantes para o desenvolvimento da FMEA:

- Falha: perda de função parcial ou total de um equipamento, sistema ou serviço.
- Modo de falha: como você observa o dano causado.
- Efeito da falha: resultado ou consequência da falha.

- Frequência de falha: quantas vezes isto acontece.
- Severidade de falha: gravidade do efeito da falha.
- Detecção de falha: possibilidade de identificar a falha antes de sua ocorrência ou antes de provocar efeitos indesejáveis.
- *Risk priority number* (RPN): é o risco calculado que fica associado ao modo de falha.

A primeira etapa de desenvolvimento da FMEA envolve a análise de um produto, equipamento, projeto, processo ou sistema, levantando as possíveis falhas que poderão ocorrer. Um eventual histórico de falhas ocorridas total ou parcialmente é altamente desejável para esse levantamento. Da mesma forma, a complexidade do objeto da análise pode tornar conveniente dividir o levantamento em subsistemas ou componentes.

A segunda etapa é atribuir a cada uma das falhas potenciais uma classificação considerando três critérios:

- a probabilidade de ocorrência da falha (O);
- a severidade dos efeitos da falha (S); e
- a possibilidade de detecção da falha antes de sua ocorrência ou antes que provoque efeitos indesejáveis (D).

A classificação da falha potencial em cada um desses critérios permitirá o cálculo do número de prioridade de risco (NPR), dado por:

NPR = O*S*D

As falhas potenciais são priorizadas a partir do maior NPR.

A terceira etapa envolve a análise de ações preventivas ou mitigatórias a implantar. Nessa etapa, ferramentas já apresentadas anteriormente, como *brainstorming*, causa e efeito e gráfico de Gantt, tornam-se plenamente aplicáveis.

As Tabelas 4.4 a 4.6 apresentam sugestões de classificação dos critérios de análise, mas deve-se ressaltar que sempre haverá relativizações, dependendo do objeto em análise. Em outras palavras, não é esperado que o rigor da análise seja o mesmo para um dispositivo cujo mau funcionamento resulte apenas em contratempos ao usuário e para outro dispositivo cujo desempenho inadequado resulte em risco à vida do usuário.

Tabela 4.4 Chance de ocorrência da falha

Probabilidade de falha	Índice
Máxima: quase inevitável	10
Muito elevada	9
Alto/muitas falhas	8
Frequente/elevada	7
Frequente	6
Médio: falhas ocasionais	5
Moderada	4
Baixo: poucas falhas	3
Muito baixa	2
Remota: improvável de ocorrer	1

Tabela 4.5 Severidade das consequências da falha

Severidade	Descrição do efeito de falha	Índice
Perigoso sem aviso	Modo de falha em potencial que compromete a segurança de pessoas e instalações sem avisos	10
Perigoso com aviso	Modo de falha em potencial que compromete a segurança de pessoas e instalações com avisos	9
Muito alto	Sistema inoperável com falha destrutiva sem comprometer a segurança	8
Alto	Sistema inoperável com danos ao produto	7
Moderado	Sistema inoperável com dano mínimo	6
Baixo	Sistema inoperável sem dano	5
Muito baixo	Sistema operável com degradação significativa	4
Mínimo	Sistema operável com degradação da performance	3
Quase nulo	Sistema operável com interferência mínima	2
Nulo	Nenhum efeito	1

Tabela 4.6 Probabilidade de detecção da falha de modo a evitar seus efeitos

Detecção	Probabilidade de detecção (supervisão e controle)	Índice
Nula	Sistema não pode detectar causa e evitar o modo de falha	10
Muito remota	Probabilidade muito remota de que o sistema detecte a causa/mecanismo e evite o modo de falha	9
Remota	Probabilidade remota de que o sistema detecte causa/mecanismo e evite o modo de falha	8

Tabela 4.6 Probabilidade de detecção da falha de modo a evitar seus efeitos

Detecção	Probabilidade de detecção (supervisão e controle)	Índice
Muito baixa	Probabilidade muito baixa de que o sistema detecte causa/mecanismo e evite o modo de falha	7
Baixa	Probabilidade baixa de que o sistema detecte causa/mecanismo e evite o modo de falha	6
Moderada	Probabilidade moderada de que o sistema detecte causa/mecanismo e evite o modo de falha	5
Moderada/alta	Probabilidade moderada/alta de que o sistema detecte causa/mecanismo e evite o modo de falha	4
Alta	Probabilidade alta de que o sistema detecte causa/mecanismo e evite o modo de falha	3
Muito alta	Probabilidade muito alta de que o sistema detecte causa/mecanismo e evite o modo de falha	2
Quase certa	É quase certo que o sistema detectará a causa/mecanismo e evitará o modo de falha	1

A Tabela 4.7 traz um exemplo dessa análise na indústria metalúrgica, aplicada para priorização de ações mitigatórias em chapas de aço utilizadas para fabricação de peças. Nela estão listados os principais modos de falha e suas respectivas avaliações nos critérios de frequência de ocorrência, severidade do efeito e chance de detecção.

Tabela 4.7 Exemplo do FMEA aplicado à fabricação de chapas de aço

Componente	Modo de falha potencial	Ocorrência	Severidade	Detecção	NPR
Chapa de aço para confecção de peças	Comprimento menor	7	5	4	140
	Espessura menor	7	8	4	224
	Empenada	7	6	4	168
	Oxidada	4	4	4	64

O número de probabilidade de risco aponta que a espessura menor que a especificada, que pode resultar em peças de menor resistência mecânica, e o empenamento das chapas, que dificultará operações de corte a laser, são as falhas potenciais prioritárias para a definição e implantação de ações preventivas, como certificação do fornecedor ou inspeções obrigatórias no recebimento do material.

O QR Code 4H permite o acesso a um vídeo didático sobre os conceitos e o desenvolvimento da ferramenta FMEA.

QR Code 4H – FMEA

http://livro.link/elementos4h

4.3 GESTÃO DA EFETIVIDADE

O termo "efetividade" vem sendo mais conhecido e utilizado no ambiente organizacional nos últimos anos, representando a fusão de conceitos há muito consolidados.

A expressão deriva dos termos em latim *efectivus*, que significa "o que produz", e *efficere*, traduzido como "cumprir, obter resultados", levando a conceituá-la como "alcançar os objetivos e metas fazendo o melhor uso dos recursos disponíveis".

Em uma interpretação gerencial, a efetividade é compreendida como a combinação de eficiência (fazer de forma correta) e eficácia (fazer a coisa certa), que deve ser o alvo permanente de todos os gestores para garantir a competitividade e a sobrevivência da empresa.

Todo o conteúdo deste livro está voltado a apoiar os líderes em sua busca por efetividade, mas dois aspectos são merecedores de apresentações particulares: a produtividade e a definição de prioridades. São conceitos que derivam do entendimento de como chegar à eficiência e à eficácia.

4.3.1 PRODUTIVIDADE

A produtividade é a capacidade de realizar o máximo de trabalho possível com o mínimo de recursos necessários.

Numericamente, ela é definida como a relação entre a produção (quantidade de bens produzidos) e os fatores de produção utilizados (pessoas, máquinas, materiais e outros). O que se busca é maximizar o quociente da divisão da quantidade produzida pelos fatores utilizados. No ambiente agrícola, por exemplo, a produtividade é definida como a quantidade produzida por unidade de área: kg/ha. Outros exemplos de indicadores são peças/hora, peças/pessoa, taxa de lucratividade (preço/custo), horas/projeto ou profissionais/projeto.

A produtividade constitui uma das melhores medidas para aferir o desempenho das empresas, como defendem Peter Drucker e outros reconhecidos autores. Quanto mais produtiva a empresa, melhor é a utilização dos seus recursos e melhor seu resultado, tendo assim maiores possibilidades de prosperar no futuro.

Dois fatores estão envolvidos na questão: a qualidade na execução do trabalho e o aproveitamento dos recursos gastos, em especial o tempo. O conceito de qualidade é amplo, podendo estar associado aos atributos de uma utilidade ou à forma como os processos internos da organização são conduzidos (ver modelo de excelência em gestão).

Uma das mais importantes e claras abordagens sobre a eficiência organizacional foi oferecida por Armand Vallid Feigenbaum, autor do livro *Total Quality Control*, ao defender a ideia que toda empresa tem dentro de si uma fábrica escondida, como ilustra a Figura 4.13. Os estudos que desenvolveu apontaram que as empresas dedicam até 40% de seu trabalho apenas à correção de erros.

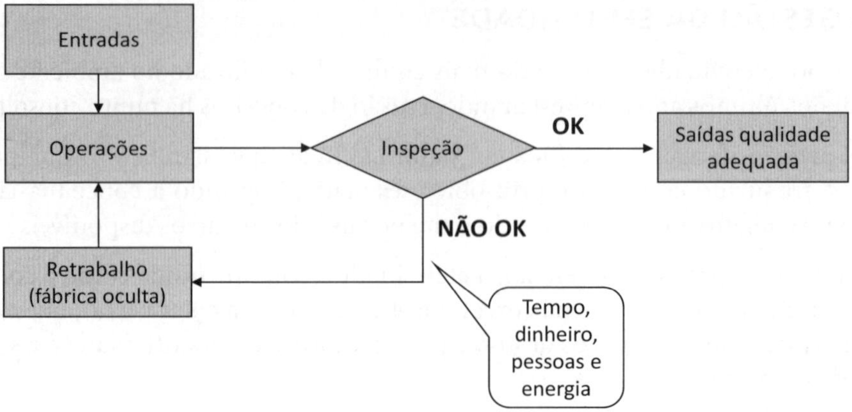

Figura 4.13 Representação esquemática da fábrica oculta de Feigenbaum.

Se os resultados indesejados forem objeto de análise das causas raízes e dos planos de ação, por meio das ferramentas de melhoria de processos já apresentadas, será possível direcionar ao menos parte dos recursos da fábrica oculta para a produção efetiva, com ganhos significativos.

Para fins de estimativas, suponha que 30% do tempo, das máquinas, das matérias-primas e das pessoas de uma empresa sejam dedicados apenas a retrabalhos. Reduzir esses retrabalhos em um terço permite que a dedicação à produção de bens e serviços passe de 70% para 80% da capacidade disponível, o que significará um aumento de produção de 14% sem que grandes investimentos sejam necessários.

Conclui-se daí que a gestão da qualidade é um ingrediente obrigatório na busca da produtividade, uma vez que afeta favoravelmente tanto o numerador da equação (quantidade produzida) como o denominador (recursos utilizados).

Mas essa não é a única possibilidade a ser considerada para alavancar os resultados das equipes. Outro fator de grande impacto está relacionado com a maximização do recurso mais importante para qualquer organização: o tempo.

Vale esclarecer, de imediato, que pessoas produtivas não são aquelas que trabalham em máxima velocidade 24 horas por dia, tampouco são as que correm com a atividade atual para iniciar logo a próxima. Melhorar o aproveitamento do tempo não tem relação com a pressa, principalmente pelo fato de que esta geralmente leva a deficiências de qualidade e retrabalhos. O centro de atenção está na quantidade de horas realmente dedicadas à produção de produtos ou serviços.

A revista *Superinteressante* de novembro de 2016 trouxe uma reportagem sobre pesquisa realizada pela Workfront, uma empresa de softwares dos Estados Unidos, que questionou os próprios funcionários sobre horas de trabalho e produtividade e descobriu que eles passavam, no máximo, 39% do expediente trabalhando. O resto do tempo (61%) era gasto no que pode ser chamado de "não trabalho". No total, 600 funcionários responderam a questões sobre trabalho e procrastinação. Como o objetivo da Workfront era conseguir respostas honestas e compreender o que poderia ser modificado para aumentar a produtividade, o questionário foi feito de forma totalmente anônima.

Levantamentos com propósito semelhante foram feitos com atividades operacionais de empresas de energia no Brasil, Argentina e El Salvador, em que os tempos de trabalho e de não trabalho foram aferidos por observadores que permaneceram ocultos para não influenciar a execução das atividades. Os resultados obtidos foram muito semelhantes, ou seja, a taxa de dedicação efetiva à produção foi inferior a 40%. Tais estudos indicam que pode haver uma significativa oportunidade de aumento da produtividade se houver redução dos tempos de não trabalho.

Usando um rápido exercício matemático, pode-se avaliar o potencial dessas abordagens. Supondo um regime diário de trabalho de oito horas, menos de 192 minutos são dedicados a atividades produtivas – o restante é desperdiçado por razões discutidas mais à frente. A todas as pessoas consultadas, pareceu que a adoção de medidas simples tornaria factível uma redução de pelo menos trinta minutos no tempo de não trabalho, o que permitiria um acréscimo de produção de cerca de 16%.

A Figura 4.14 representa a distribuição da disponibilidade de tempo em bases anuais.

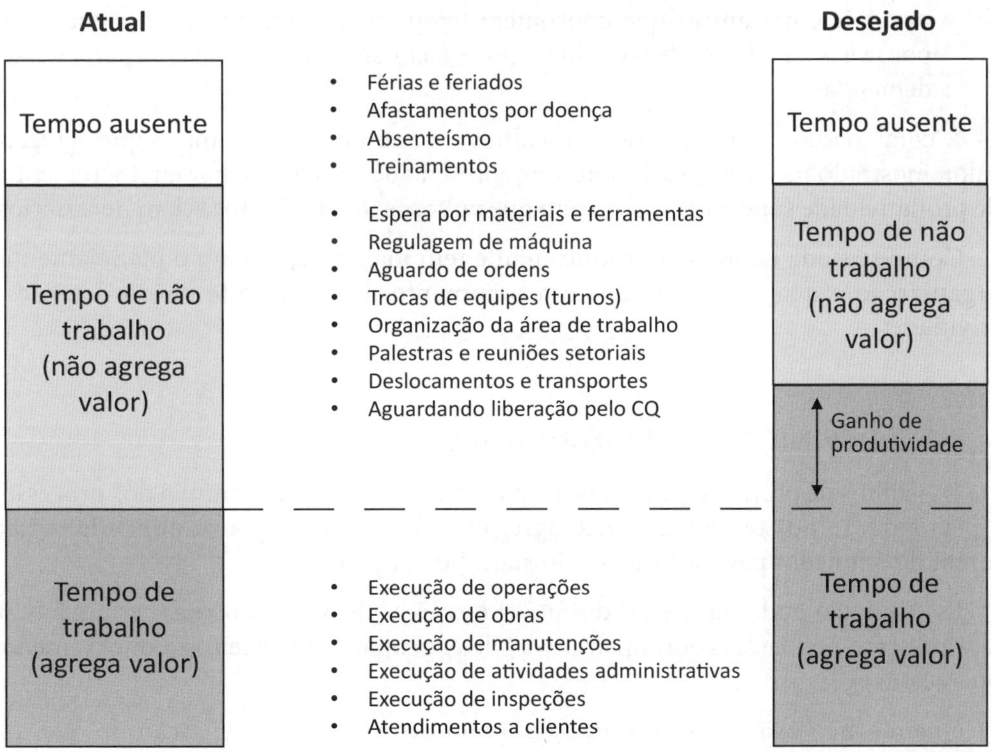

Figura 4.14 Tempos que agregam e que não agregam valor.

A observação dos fatores envolvidos nos tempos que não agregam valor possibilita inferir alguns elementos que podem ser causadores desse desperdício. Entre eles, destacam-se:

- Falta de organização operacional: perda de tempo procurando equipamentos, ferramentas, peças e informações, deslocando-se pela área ou aguardando a conclusão de etapas anteriores do processo produtivo.

É nesse contexto que surgem iniciativas como o estudo do *layout*, os programas 5S (sensos de utilização, arrumação, limpeza, saúde e autodisciplina) e o sistema *kanban*, desenvolvido pela Toyota, que utiliza sinalizações por meio de cartões para controle visual das tarefas e identificação de gargalos.

- Falta de definição de responsabilidades: ambiguidades provocam paralisações do trabalho. A falta de definição clara sobre quem é o responsável por cada etapa leva à centralização de definições e à inevitável criação de um gargalo no próprio negócio.

Produtividade exige decisões e ações rápidas, e não é possível conviver com esperas de toda a equipe até que uma única pessoa processe toda a informação e decida o que fazer em seguida.

- Falta de apoio tecnológico: muitos processos ainda estão atrelados a tarefas manuais e mecânicas que consomem tempo e recursos dos profissionais responsáveis. A adoção de tecnologia pode facilitar e automatizar boa parte dessas demandas.

A combinação de redução de retrabalhos e de aumento dos tempos que agregam valor, mostrado nas situações hipotéticas apresentadas, pode resultar em incrementos de produtividade superiores a 30% sem que vultosos investimentos sejam necessários.

Como se pode deduzir, a produtividade tem mais relação com o planejamento, organização e qualidade do que com o aumento da velocidade na execução das atividades.

4.3.2 DEFINIÇÃO DE PRIORIDADES

Os ganhos de produtividade obtidos por meio da melhoria contínua dos processos e pela redução dos tempos que não agregam valor serão de pouca utilidade se não forem direcionados para as tarefas prioritárias da organização.

Essa questão pode ser menos discutível nas áreas de produção, mas certamente se fará presente nos setores administrativos, de engenharia, financeiros e outros menos operacionais.

Quando não existe essa priorização, pode ocorrer a falsa sensação de que um ambiente se tornou mais produtivo, em decorrência do aumento do volume de atividades sendo feitas e concluídas em pouco tempo. No entanto, ao final do período, verifica-se que muitas atividades realmente importantes ficaram para trás.

Definir o direcionamento dos recursos disponibilizados pelo aumento da produtividade é o que determina a real criação de valor para os clientes e o negócio. Para isso, o gestor pode lançar mão de ferramentas como a GUT, anteriormente apresentada, ou aplicar outras metodologias, como a matriz de Eisenhower. Essa matriz, criada pelo ex-presidente norte-americano Dwight Eisenhower, é uma proposta para estruturar a prioridade de atividades de forma inteligente e objetiva. Sua ideia é eliminar dois problemas críticos para a produtividade: de um lado as ações que são postergadas indefinidamente e, de outro, aquelas que são decididas e executadas precocemente.

Ambos os cenários podem levar à baixa qualidade do trabalho e a falhas primordiais que tomarão ainda mais tempo da equipe para serem resolvidas.

Para saber onde e como é preciso agir, a matriz de Eisenhower propõe que gestores criem um gráfico matricial, com duas linhas perpendiculares, e atribuam a elas duas características: importância e urgência. A Figura 4.15 exemplifica essa abordagem.

Figura 4.15 Matriz de Eisenhower.

Dessa forma, as tarefas podem ser distribuídas nesses eixos, o que possibilita perceber quais são prioritárias para o momento atual. Elas poderão estar em quatro categorias diferentes:

- Importantes e urgentes: exigem decisões e execução imediata.
- Importantes e não urgentes: precisam de atenção, mas podem ser agendadas para uma data mais adequada.
- Não importantes e urgentes: precisam ser feitas, mas podem ser delegadas a poucas pessoas ou a alguém de fora do projeto.
- Não urgentes e não importantes: podem dar espaço para as outras sem grandes consequências; devem ser eliminadas ou realizadas quando houver disponibilidade.

A Figura 4.16 sintetiza o tratamento a ser dado a cada tarefa de acordo com a classificação que lhe foi atribuída.

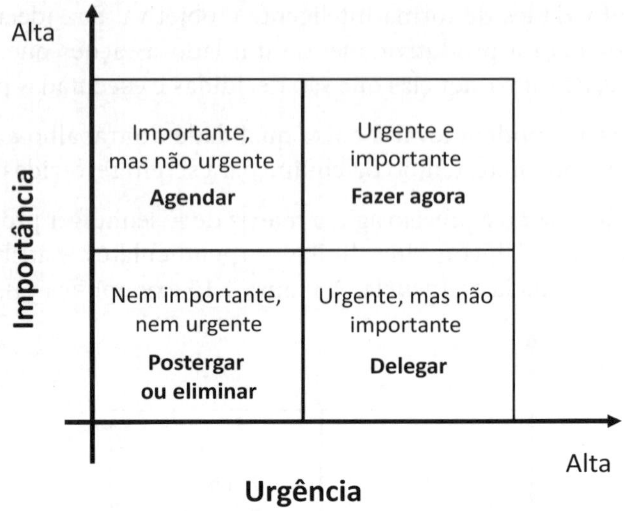

Figura 4.16 Tratamento das tarefas de acordo com a classificação de prioridade.

Quando as tarefas são distribuídas nessas categorias, a ordem de execução e a atenção a elas ficam muito mais claras para toda a equipe.

O trabalho desenvolvido pelo gestor em busca da melhoria da efetividade de sua equipe não se limita às ações de aumento de produtividade e à priorização inteligente das atividades. É necessário acompanhar essa evolução e ter certeza de que as suas estratégias estão dando certo, o que exige a definição e a implantação de indicadores individuais e coletivos específicos.

A Tabela 4.8 exemplifica o monitoramento da efetividade de uma equipe de fresagem que tem como meta produzir 540 unidades por hora trabalhada.

Tabela 4.8 Medição da efetividade

Equipe fresagem				
Data	**Produção**	**Horas trabalhadas**	**Produção/hora**	**% da meta**
1	4.000	8	500	92,6%
2	4.300	8	538	99,6%
3	4.200	8	525	97,2%
4	4.650	9	517	95,7%
5	4.600	8,5	541	100,2%
6	4.300	8	538	99,6%
7	4.700	9	522	96,7%
8	4.650	8,5	547	101,3%

É recomendável que acompanhamentos desse tipo sejam expostos em local de fácil acesso a todos, de forma que a equipe possa avaliar sua própria evolução e elaborar novas ações para melhoria do desempenho.

O foco na efetividade é mandatório para que o gestor desenvolva sua equipe e seus processos, tornando a organização mais competitiva.

Afinal, é difícil enfrentar um concorrente que faz muito, faz bem e faz rápido.

4.4 INDICADORES E METAS

Cotidianamente são veiculadas inúmeras informações que envolvem indicadores: índices de inflação, taxa de crescimento do PIB, renda média *per capita*, taxa de natalidade, índices de produtividade e muitas outras.

Essa profusão de números e dados tem sua razão de ser: indicadores constituem formas de medição (métricas) que possibilitam o gerenciamento do sistema organizacional mediante a aferição do desempenho dos processos e da identificação de alterações nos planejamentos definidos.

Os painéis de instrumentos dos veículos são bons exemplos de indicadores. Informações sobre velocidade instantânea e média, consumo de combustível e autonomia, temperatura do motor, pressão dos pneus, entre outras, permitem que o condutor avalie em tempo real as condições operativas do equipamento e identifique rapidamente qualquer anomalia. Essa analogia é muito usada pelas empresas ao divulgar o comportamento de seus indicadores a todos os colaboradores, por meio de recursos visuais comumente chamados de *dashboards*, que significa "painel de controle".

As metas, por sua vez, indicam o que se pretende atingir em um determinado indicador específico: qual o índice de crescimento do ano, qual a taxa de desemprego ou qual a redução de peso corporal, por exemplo. Representam alvos que devem ser perseguidos para a consecução dos objetivos empresariais ou mesmo pessoais.

A importância do estabelecimento de indicadores e metas foi assim comentada por William Edwards Deming: "Não se gerencia o que não se mede, não se mede o que não se define, não se define o que não se entende, não há sucesso no que não se gerencia".

A definição de indicadores e metas pode parecer, a princípio, uma medida de baixa complexidade, mas está longe disso. Trata-se de uma tarefa que pode tornar-se o elemento-chave de um processo de solução de problemas ou de melhorias, capaz de influenciar fortemente o sucesso ou o fracasso de um trabalho.

Muitas vezes deparamo-nos com confusões entre três conceitos distintos. É conveniente esclarecê-los:

- Objetivos: propósitos a serem perseguidos pela organização para o cumprimento de sua missão institucional e o alcance de sua visão de futuro. Traduzem os desafios a serem enfrentados em um determinado período e indicam a direção a seguir.

- Indicadores: métricas que proporcionam a geração de informações, permitem a avaliação do desempenho em relação aos objetivos definidos e apontam onde atuar para sua consecução.
- Metas: expressões numéricas que representam o estado futuro de desempenho desejado, em determinado período, demonstradas por meio dos resultados dos indicadores.

São os indicadores e as metas que permitem saber se o caminho tomado está levando a empresa para o lugar certo e da maneira certa (ou seja, para seus objetivos), bem como fazer rápidas correções de rota sempre que necessário. O exemplo do Quadro 4.4, aplicado a um BSC, ilustra esses conceitos.

Quadro 4.4 Metas e indicadores no BSC

Perspectiva	Objetivo	Unidade	Indicador	Meta	Iniciativas
Financeira	Reduzir custo do produto	%	(Custo atual – Custo anterior)/Custo anterior	-5	Aumentar produtividade Desenvolver novos fornecedores
Clientes	Reduzir índice de reclamações	%	Número de reclamações/ Produção no período	-10	Mapear causas de reclamações
Processos internos	Aumentar índice de eficiência no empacotamento	%	Peças empacotadas/Horas disponíveis	20	Reduzir paradas não programadas
Pessoas, aprendizagem e crescimento	Reduzir absenteísmo	%	Horas de falta/ Horas totais trabalhadas	-15	Programa de incentivo à assiduidade

A definição dos indicadores e sobretudo das metas exige especial cuidado. Existem muitas formas de atingir metas, mas nem todas são sustentáveis ao longo do tempo ou compatíveis com os regulamentos existentes, como demonstraram casos mundialmente conhecidos de empresas de energia, de bancos norte-americanos na crise de 2008 e de empresas automobilísticas em relação à emissão de poluentes. Nesse sentido, é senso comum que em muitas organizações prevaleça o ditado: "Diga-me como será medido meu desempenho que encontrarei uma forma de atingir minha meta".

Logo, os princípios, crenças e valores empresariais desempenham papel fundamental, servindo de guia para os comportamentos, atitudes e decisões de todas as pessoas envolvidas na busca dos seus objetivos e metas. Honestidade, integridade e responsabilidade geralmente fazem parte do conjunto de valores que toda empresa tem definido (ou deveria ter) e dos quais não deve abrir mão em nenhuma hipótese.

Para a definição de metas, a metodologia SMART, representada na Figura 4.17, pode ser uma ferramenta útil para o gestor.

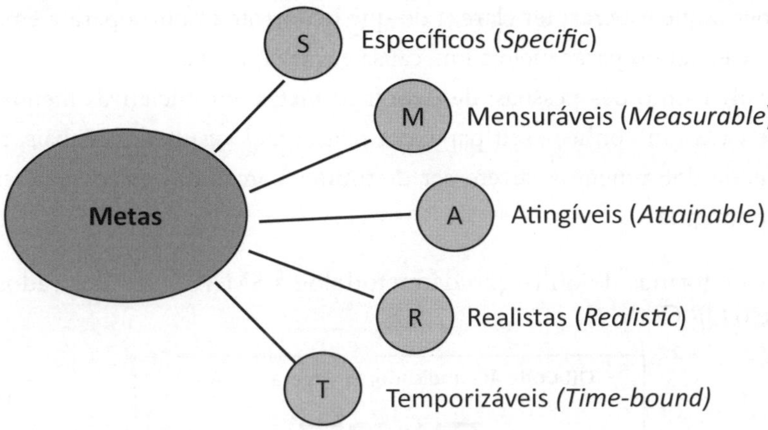

Figura 4.17 Metodologia SMART para definição de metas.

A metodologia prevê que a definição de metas deve atender a cinco princípios:

- S – Específicos (*Specific*): formulação de modo específico e preciso, sem margem para ambiguidade ou dupla interpretação.
- M – Mensuráveis (*Measurable*): definição de forma que possibilite medição e análise de valores ou volumes (quantificáveis).
- A – Atingíveis (*Attainable*): tem a ver com a factibilidade, isto é, a concretização das metas precisa ser viável.
- R – Realistas (*Realistic*): consideração das limitações impostas pelo meio e pelos recursos disponíveis.
- T – Temporizáveis (*Time-bound*): adequação de prazo e duração.

Além da aplicação da ferramenta SMART, convém que o gestor leve em conta alguns pontos de atenção adicionais para a definição de indicadores e metas que sua equipe deverá perseguir. São eles:

- Antecedência: estudar e definir indicadores e metas exige tempo. A antecedência permite o amadurecimento das ideias.
- Clareza e objetividade: evitar indicadores complexos e metas de difícil compreensão. Quanto mais simples, maiores as chances de todos entenderem os planos e de atingirem os resultados esperados. Sempre que possível, deve ser aplicado o princípio KIS: *keep it simple.*
- Disciplina: definir, planejar e executar ações para atingir as metas exige disciplina.
- Melhoria contínua: documentar todos os problemas com a aplicação da ferramenta utilizada para definição dos indicadores e metas, para que sejam corrigidos no próximo período.

- Saber o que esperar: ter clareza do que realmente importa para a empresa, com atenção para separar meio e fim, causa e consequência.
- Envolvimento das pessoas: desdobrar as metas em iniciativas menores permite que cada um conheça seu papel em relação aos resultados globais. As metas e seus desdobramentos devem ser discutidos com todas as pessoas responsáveis por atingi-las.

Conceitos e formas de utilização da metodologia SMART são ilustrados no vídeo acessado pelo QR Code 4I.

QR Code 4I – Indicadores e metas SMART

http://livro.link/elementos4i

ELEMENTO 5
FUNDAMENTOS DE FINANÇAS

Dentre os muitos conhecimentos requeridos do gestor, finanças certamente representam uma das questões mais importantes.

Isso não significa que ele necessite tornar-se um especialista (a menos que atue na área financeira), mas há um grupo de pelo menos cinco temas sobre os quais é preciso ter domínio de conceitos: matemática financeira, demonstrativo de resultados (DRE), sistemas de custeio, análise de viabilidade de investimentos e administração do caixa.

Cada um desses temas será objeto de abordagens sintéticas ao longo deste Elemento, a fim de oferecer uma visão geral ao leitor.

5.1 MATEMÁTICA FINANCEIRA

Contempla o estudo das relações entre o valor da moeda e o tempo, sintetizando dois conceitos centrais: valor atual ou presente e valor futuro.

Tem como objetivo possibilitar a análise comparativa de operações de caráter financeiro que envolvam entradas e saídas de capital em momentos diferentes.

Resumidamente, pode-se dizer que a matemática financeira se baseia em dois princípios:

- O dinheiro, como um produto ou serviço qualquer, tem um preço. No caso do dinheiro, esse preço recebe o nome de juros e normalmente é indicado por um valor percentual.
- O valor do dinheiro muda ao longo do tempo, a despeito de qualquer processo inflacionário.

Portanto, qualquer comparação entre valores monetários só pode ser feita se a referência no tempo for a mesma. A relação entre as entradas e saídas de dinheiro do caixa da organização em momentos distintos é geralmente representada como na Figura 5.1.

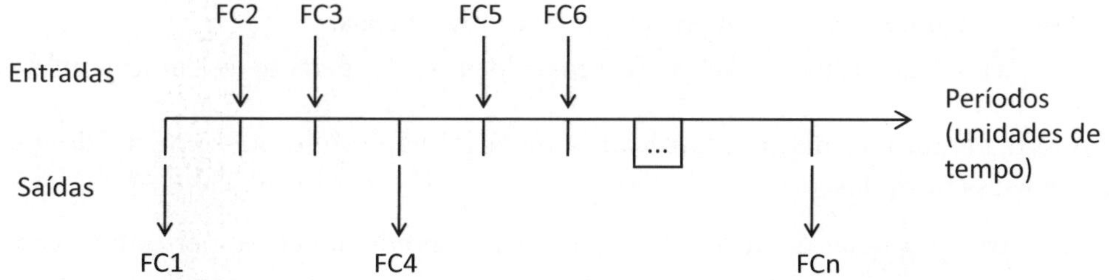

Figura 5.1 Diagrama de fluxo de caixa (FC) ao longo do tempo.

A relação fundamental da matemática financeira é dada por:

$$\mathbf{VF = VP + j}$$

em que montante ou valor futuro (VF) é o valor a ser devolvido/resgatado no final da operação, também referido pelo termo em inglês *future value* (FV); capital ou valor presente (VP) é o valor tomado/investido no início da operação, também chamado de principal ou pelo termo em inglês *present value* (PV); e juros (J) são a remuneração do capital tomado/aplicado. É o preço do aluguel do dinheiro e é obtido a partir da taxa de juros (i) e do período decorrido para a devolução ou resgate (n).

A capitalização, que envolve a incorporação dos juros ao capital, ou PV, pode ocorrer, teoricamente, de duas formas: com juros simples ou com juros compostos. Os juros simples incidem apenas sobre o PV. Com isso, a equação fundamental fica:

$$\mathbf{J = PV.i.n}$$

$$\mathbf{FV = PV\ (1+i.n)}$$

Os juros simples, embora tenham maior facilidade de compreensão pelo público em geral, encontram pouca aplicabilidade no mercado financeiro, limitando-se a casos como cheque especial, descontos de duplicatas e de cheques pré-datados.

No regime de juros compostos, também conhecidos como "juros sobre juros", após cada período de capitalização, os rendimentos incorporam-se ao capital e passam, por sua vez, a gerar novos rendimentos.

Nessa condição, os juros são sempre aplicados tomando-se por base o montante do período anterior. Com isso, a equação fundamental da matemática financeira para juros compostos fica:

$$\mathbf{J = PV \cdot \mathit{i}^{\mathit{n}}}$$

$$\mathbf{FV = PV \cdot (1 + \mathit{i})^{\mathit{n}}}$$

Duas considerações importantes sobre taxas de juros:

- as taxas de juros devem ser sempre as efetivas e reais; e
- as unidades de tempo da taxa de juros e do prazo da operação devem ser as mesmas.

Assim, efeitos da inflação (correção monetária) não são levados em consideração nas análises realizadas.

De outro lado, taxas de juros nominais devem ser adequadas ao período de capitalização por proporção simples. Por exemplo, se as taxas de juros nominais forem de 6% ao ano, mas a capitalização for mensal, a taxa efetiva será de 0,5% ao mês. Esse valor, somado a 1 e elevado à 12ª potência, resultará em aproximadamente 6,17% ao ano.

A partir dessas definições, verifica-se que a comparação entre valores que ocorrerão em tempos diferentes só encontra sentido se estes forem referenciados a um mesmo momento. Em outras palavras, esses valores só serão comparáveis se forem matematicamente levados a uma mesma data futura ou trazidos ao presente. A Figura 5.2 ilustra a forma de referenciar todos os valores ao presente.

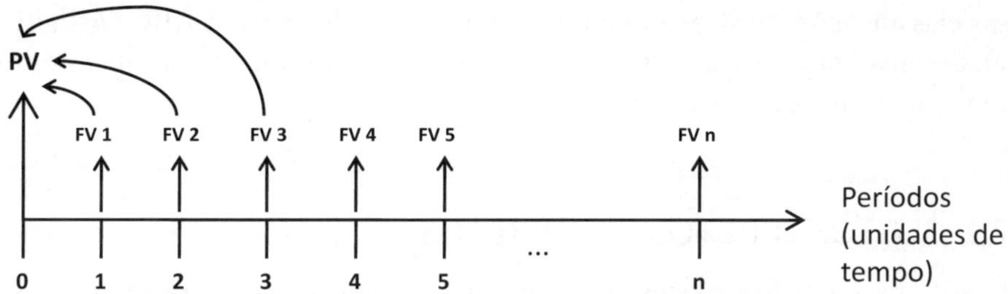

$$PVx = FVx/(1 + i)^x \text{ e } PVtotal = \sum PVx$$

Figura 5.2 Diagrama de cálculo de valor presente, em que PV é o valor presente (*present value*), FV é o valor futuro (*future value*) e x é o número de unidades de tempo.

De maneira análoga, a Figura 5.3 ilustra a referência ao futuro.

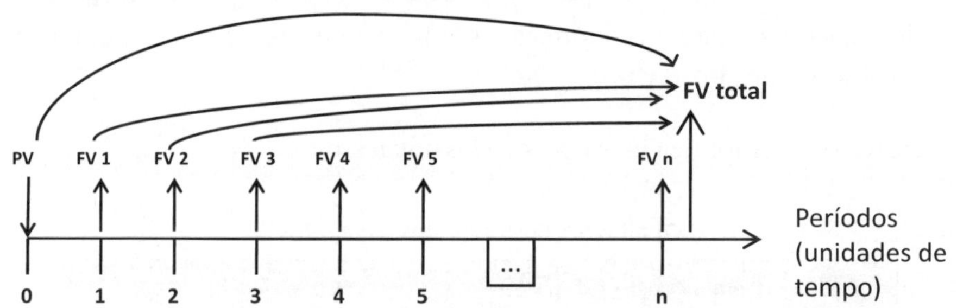

$$FVx = PVx \cdot (1 + i)^x \text{ e } FVtotal = \sum FVx$$

Figura 5.3 Diagrama de cálculo de valor futuro, em que PV é o valor presente (*present value*), FV é o valor futuro (*future value*) e x é o número de unidades de tempo.

Ferramentas computacionais, como o Excel, bem como as calculadoras financeiras, possuem funções matemáticas que permitem o cálculo automático do valor presente e do valor futuro.

5.2 SISTEMAS DE CUSTEIO

A análise e gestão dos custos de uma organização contemplam os dispêndios (custos e despesas) realizados no desenvolvimento de suas operações do dia a dia, como gastos com aluguel, pessoal, matérias-primas, produtos para revenda, assistência técnica, impostos etc.

A classificação dos custos envolve diferentes critérios, definidos conforme os objetivos da análise pretendida, como definir preços de venda, conhecer as margens de cada produto/serviço do portfólio da empresa, identificar o ponto de equilíbrio de vendas, avaliar oportunidades de melhoria de resultados e dar suporte a tomadas de decisões estratégicas para a empresa. Existem duas classificações principais de custos:

- custos diretos e indiretos;
- custos fixos e variáveis.

Essas classificações básicas são complementadas pelo sistema ABC (*activity based costing*), desenvolvido nos anos 1980 e que representa um importante aprimoramento do sistema de custos diretos e indiretos.

5.2.1 CUSTOS DIRETOS E INDIRETOS

Este sistema identifica os custos quanto à sua relação com o produto ou serviço produzido/prestado. Isso possibilita definir o custo total efetivo de cada item comercializado, o que constitui a base para definição do preço de venda.

- Custos diretos: aqueles que podem ser facilmente relacionados ao objeto de custeio (produto ou serviço).
- Custos indiretos: aqueles que não podem ser relacionados ao objeto de custeio de maneira simples e econômica, em virtude de sua vinculação a dois ou mais objetos de custeio.

O Quadro 5.1 exemplifica esse tipo de classificação.

Quadro 5.1 Custos diretos e indiretos

Item de custo	Classificação
Aluguel do imóvel	Indireto
Matérias-primas	Direto
Produtos para revenda	Direto
Energia elétrica	Indireto
Telefone	Indireto
Pessoal de produção	Direto
Pessoal de escritório	Indireto
Supervisores e gerentes	Indireto
Embalagem	Direto
Limpeza	Indireto
Seguros diversos	Indireto
IPTU	Indireto
Escritório contábil	Indireto

O custo total de um produto/serviço resulta da soma dos custos diretos e dos custos indiretos, sendo estes últimos alocados a cada unidade produzida ou comercializada de acordo com um critério de divisão ou rateio, conforme a Figura 5.4.

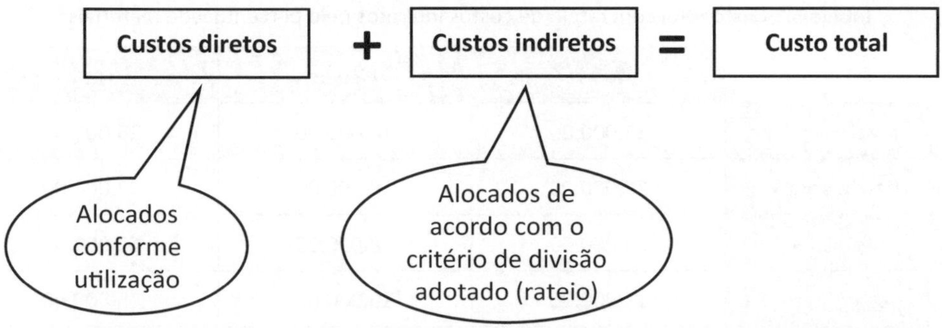

Figura 5.4 Obtenção do custo total.

A questão central nesse sistema de custeio reside no fato de que a contabilidade de custos define que os custos indiretos devem ser alocados aos produtos, mas não define *como* fazê-lo.

Os critérios mais comumente adotados para rateio dos custos indiretos consideram a distribuição proporcional a:

- custo da mão de obra direta;
- custos diretos ou primários (material e mão de obra);
- quantidades produzidas;
- homens-hora/unidade produzida;
- horas-máquina/unidade produzida.

Essa metodologia, conhecida como custo por absorção, tem como grande vantagem a aceitação pelas normas contábeis vigentes. Em contrapartida, o custo de uma unidade produzida/fornecida variará de acordo com o critério de rateio adotado.

Os exemplos das Tabelas 5.1 e 5.2 referem-se à fabricação de sorvetes e permitem avaliar essas variações.

Tabela 5.1 Custo total com rateio de custos indiretos pelo percentual de mão de obra

	Massa	Picolés	Total
Materiais	15.000,00	10.000,00	25.000,00
Mão de obra	19.000,00	18.000,00	37.000,00
Total	34.000,00	28.000,00	62.000,00
Custos indiretos	12.837,84	12.162,16	25.000,00
Custo unitário total	1,87	1,00	

Tabela 5.2 Custo total com rateio de custos indiretos pelo percentual de materiais

	Massa	Picolés	Total
Materiais	15.000,00	10.000,00	25.000,00
Mão de obra	19.000,00	18.000,00	37.000,00
Total	34.000,00	28.000,00	62.000,00
Custos indiretos	15.000,00	10.000,00	25.000,00
Custo unitário total	1,96	0,95	

Em função dessas variações, que muitas vezes levam a conclusões equivocadas sobre a rentabilidade de cada produto/serviço, é comum adotar, para fins gerenciais, a avaliação da margem de contribuição, dada por:

Margem de contribuição = Preço líquido – Custos diretos

O QR Code 5A apresenta um vídeo ilustrativo com a aplicação passo a passo dos conceitos de custeio por absorção em uma fábrica de doces.

QR Code 5A – Custeio por absorção

http://livro.link/elementos5a

5.2.2 SISTEMA ABC (*ACTIVITY BASED COSTING*)

O sistema ABC foi desenvolvido pelos professores Kaplan e Cooper, da Universidade de Harvard, com o objetivo de alocar as distorções verificadas no sistema de custeio por absorção.

Resumidamente, o sistema ABC preconiza que os custos indiretos não sejam alocados a partir de critérios escolhidos aleatoriamente. O ABC determina quais atividades consomem os recursos da empresa, agregando-as em centros de custos.

Em seguida, cada um desses centros de atividades atribui custos a cada produto com base em seu consumo de recursos, como na Figura 5.5.

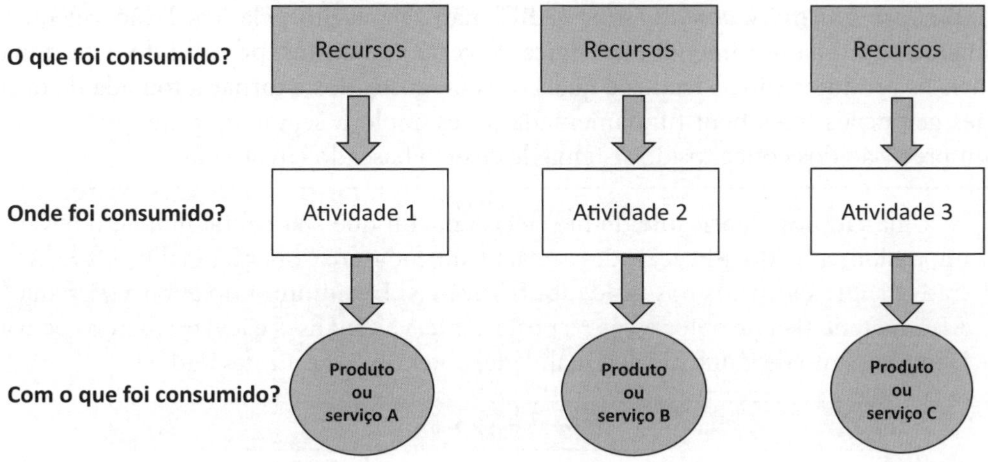

Figura 5.5 Diagrama esquemático do sistema ABC.

A aplicação do conceito de direcionamento de custos pode ser ilustrada pelo valor do aluguel do imóvel onde uma determinada empresa está instalada, cuja atribuição a cada atividade será definida pelo rateio proporcional à área ocupada.

No caso das atividades-meio, os custos que lhes couberem precisarão ser atribuídos às atividades-fim, com a utilização de critérios específicos.

Assim, é cabível que a parcela do aluguel atribuída às atividades da área de recursos humanos seja direcionada a cada atividade-fim, tendo como base o número de colaboradores, como ilustra o diagrama da Figura 5.6.

Esse conceito é aplicável a toda organização e o custo total de cada atividade-fim será obtido pela soma dos custos de atividades-meio, direcionados por rateios com critérios específicos (como manutenção predial, veículos, segurança e limpeza), com seus custos próprios (como pessoal, telefonia e materiais consumidos).

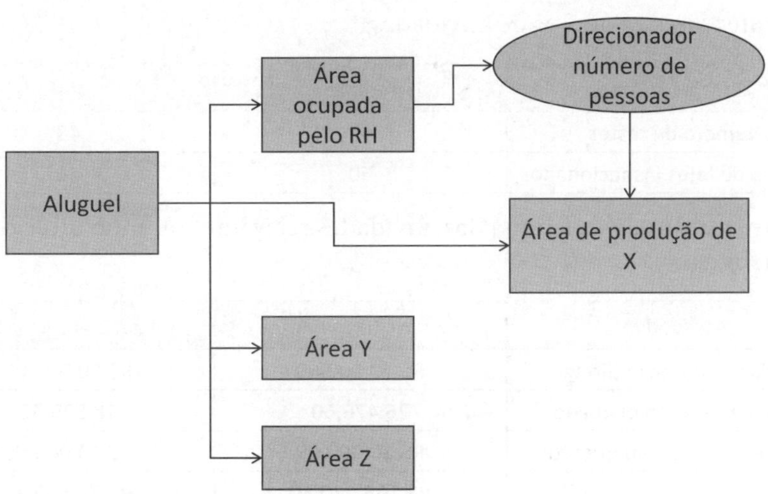

Figura 5.6 Direcionamento do custo do aluguel.

Embora o *activity based costing* (ABC) não seja aceito pela legislação vigente, é considerado uma ferramenta estratégica de gestão de custos, permitindo determinar quais os produtos subcusteados e quais os sobrecusteados e tornar a tomada de decisões gerenciais mais bem fundamentada. O exemplo a seguir permite uma melhor compreensão dos conceitos do sistema de custeio baseado em atividades.

Uma empresa fabricante de bicicletas conclui que sua contabilidade interna impossibilita a identificação do impacto de cada área operacional e administrativa sobre os custos das unidades fabricadas. Decidindo implantar o sistema ABC na tentativa de obter essas respostas, inicia as análises e levantamentos pelo Departamento de Controle de Qualidade, obtendo os seguintes dados:

Custo do departamento	
Natureza da despesa	R$
Salário	120.000,00
Aluguel	45.000,00
Depreciação	20.000,00
Total	185.000,00

Analisando o departamento, verificou-se a existência de duas atividades relevantes, testar componentes e inspecionar produtos acabados, com os seguintes direcionadores de recursos:

Atividades	**Testar componentes**	**Inspecionar produtos**
Salário, alocação direta (R$)	70.000,00	50.000,00
Aluguel, espaço ocupado (m^2)	100 m^2	70 m^2
Depreciação, equipamentos (R$)	10.000,00	10.000,00

Para identificar o custo dessas atividades para os produtos A e B, adotaram-se os seguintes direcionadores de atividades:

Direcionadores	**Produto A**	**Produto B**
Número de testes	95	48
Número de lotes inspecionados	60	40

Assim, o custo de cada uma das atividades relevantes, usando direcionadores de recursos, é:

Atividades	**Testar componentes**	**Inspecionar produtos**
Salário, alocação direta	R$ 70.000,00	R$ 50.000,00
Aluguel, espaço ocupado	26.470,60	18.529,40
Depreciação, equipamentos	R$ 10.000,00	R$ 10.000,00
	R$ 106.470,59	R$ 78.529,41

O custo dessas atividades para os produtos A e B é de:

Direcionadores	Produto A	Produto B
Número de testes	106.470,59 × 95/143	106.470,59 × 48/143
Número de lotes inspecionados	78.529,41 × 60/100	78.529,41 × 40/100

Portanto, ao produto A caberá o custo de R$ 117.849,86 e ao produto B, de R$ 67.150,14.

O QR Code 5B ilustra os conceitos de custeio baseado em atividades aplicados a uma empresa de confecções produtora de calças e camisetas.

QR Code 5B – Custeio ABC

http://livro.link/elementos5b

5.2.3 CUSTOS FIXOS E VARIÁVEIS

O objetivo desse sistema é identificar os custos quanto ao seu comportamento com a variação do volume de produção, permitindo análises de ponto de equilíbrio e relações entre custo, volume e lucro.

- Custos fixos: custos que não guardam relação com o volume de produção e vendas, ou seja, existirão independentemente das quantidades produzidas/vendidas.
- Custos variáveis: custos que variam proporcionalmente ao volume de produção e vendas, ou seja, crescerão ou diminuirão na medida da variação das quantidades produzidas/vendidas.

Quadro 5.2 Exemplos de custos fixos e variáveis

Item de custo	Classificação
Aluguel do imóvel	Fixo
Matérias-primas	Variável
Produtos para revenda	Variável
Energia elétrica	Fixo/variável
Telefone	Fixo

Quadro 5.2 Exemplos de custos fixos e variáveis

Item de custo	Classificação
Pessoal de produção (pago por produção)	Variável
Pessoal de produção mensalista	Fixo
Supervisores e gerentes	Fixo
Embalagem	Variável
Limpeza	Fixo
Segurança	Fixo
IPTU	Fixo
Escritório contábil	Fixo
Pessoal administrativo	Fixo
Vendedores por comissão	Variável

O comportamento dos custos fixos e variáveis de acordo com o volume de produção/vendas é apresentado nos gráficos da Figura 5.7.

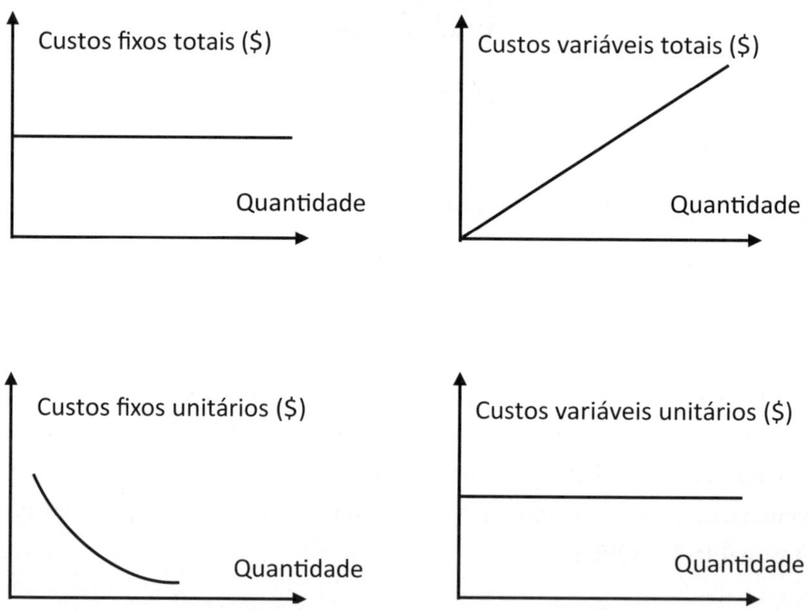

Figura 5.7 Comportamento de custos fixos e variáveis em função da quantidade.

A redução dos custos fixos unitários em função do crescimento da quantidade produzida/comercializada é conhecida como economia de escala.

A utilização do sistema de custos fixos e variáveis possibilita avaliar as relações de custo-volume-lucro, ou, em outras palavras, a partir de que quantidade vendida o negócio passa a apresentar lucro. O volume comercializado ou sua respectiva receita representam a transição do prejuízo para o lucro, sendo por isso chamado de ponto de equilíbrio (*breakeven point*, em inglês), representado no gráfico da Figura 5.8.

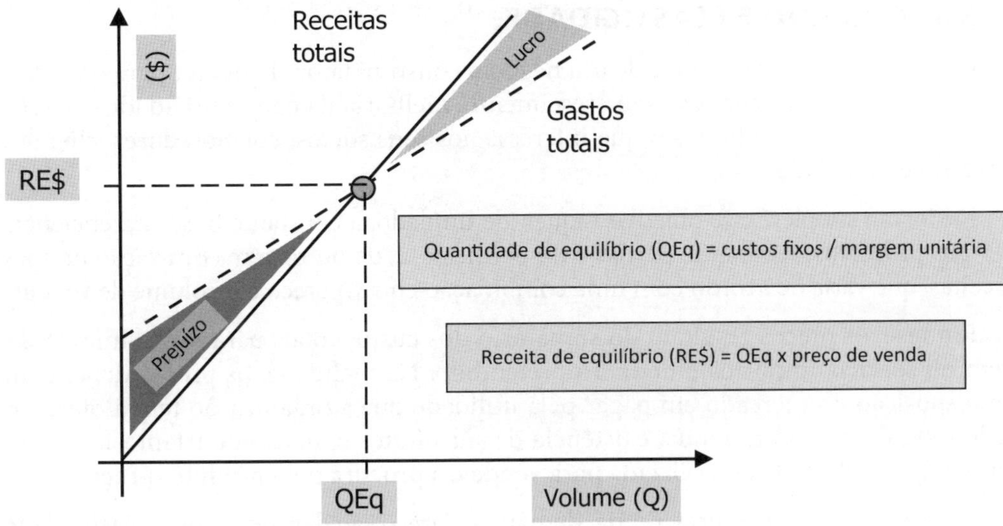

Figura 5.8 Custos, receitas e ponto de equilíbrio.

Assim, o sistema de custos fixos e variáveis permite identificar metas mínimas de vendas para que os custos do negócio sejam cobertos.

Por exemplo, um restaurante que vende cada uma de suas refeições a R$ 11,00, tem um custo variável de R$ 6,00 por unidade produzida e um custo fixo mensal de R$ 20.000,00 terá o ponto de equilíbrio em:

$$PE = 20.000\ (11\text{-}6) = 4.000$$

Em outras palavras, será necessário vender pelo menos 4 mil refeições para que o restaurante não tenha prejuízo. A partir desse volume de vendas o negócio passa a ter lucro.

No caso de empresas que comercializam diferentes produtos, esse mesmo cálculo pode ser feito considerando o valor médio de compra dos clientes e a respectiva margem.

O QR Code 5C apresenta os conceitos de custos fixos, variáveis e ponto de equilíbrio, por meio do caso hipotético de uma hamburgueria.

QR Code 5C – Custos fixos e variáveis

http://livro.link/elementos5c

5.3 MERCADO E ELASTICIDADE

O aumento da lucratividade de um negócio constitui fator elementar para que estejam disponíveis recursos para seu crescimento, melhoria da competitividade e garantia de sobrevivência futura – o que interessa aos seus sócios, colaboradores, clientes, governo e sociedade.

De forma simples, esse objetivo requer, de um lado, a constante busca da eficiência de seus processos, reduzindo perdas e desperdícios, e, de outro, a maximização de suas receitas, que varia de acordo com uma combinação entre o preço e o volume de vendas.

Em tese, os preços resultam do somatório dos custos totais para fornecimento do bem ou serviço, impostos e do lucro pretendido. Na realidade, os preços dependem da disposição do mercado em pagar pela utilidade que a organização tem a oferecer, refletindo fatores como renda, existência de substitutos e, mais importante, a relação entre a quantidade disponibilizada para venda e a procura pelo produto ou serviço.

Essas relações entre oferta, renda, demanda e preço são definidas como elasticidade do mercado: avaliação do tamanho do impacto que a alteração em uma variável (preço ou renda) exerce sobre outra variável (demanda ou oferta), sendo as mais significativas para os objetivos deste guia a análise das relações preço da demanda e preço da oferta.

A elasticidade-preço da demanda (ED) representa a variação da quantidade demandada (ou da procura) em função da variação do preço do produto/serviço.

Matematicamente:

$$ED = \text{Var. \% na quantidade demandada / Var. \% no preço}$$

$$ED = (\Delta Q/Q) / (\Delta P/P)$$

Considerando que o incremento do preço sempre implicará, ainda que minimamente, uma redução da demanda, a ED sempre é negativa. A elasticidade preço da demanda pode ter um de três comportamentos:

- Demanda inelástica: a redução percentual da demanda é menor do que o aumento percentual do preço. Sendo o numerador da equação menor, em módulo, que o denominador, o módulo de ED para a demanda inelástica será menor que 1 ($|ED| < 1$). Isso normalmente ocorre com produtos e serviços de primeira necessidade, como arroz, feijão, combustíveis e remédios.
- Demanda unitária: a quantidade demandada varia na mesma proporção da variação do preço. Portanto, o numerador e o denominador da equação terão os mesmos valores em módulo e nessa condição o módulo de ED é igual a 1 ($|ED| = 1$). Casos que se aproximam desse comportamento são veículos novos, computadores e passagens aéreas de voos de curta distância.
- Demanda elástica: a demanda tem variação maior que as variações de preços. Nesse caso, o numerador da equação será, em módulo, maior que o denominador e a demanda elástica será, em módulo, maior que 1 ($|ED| > 1$). Isso ocorre

geralmente com produtos não essenciais ou que tenham substitutos a preços competitivos, como refeições de restaurantes, tratamentos estéticos, roupas de marca e viagens de turismo.

A Figura 5.9 mostra graficamente o comportamento das demandas elástica e inelástica.

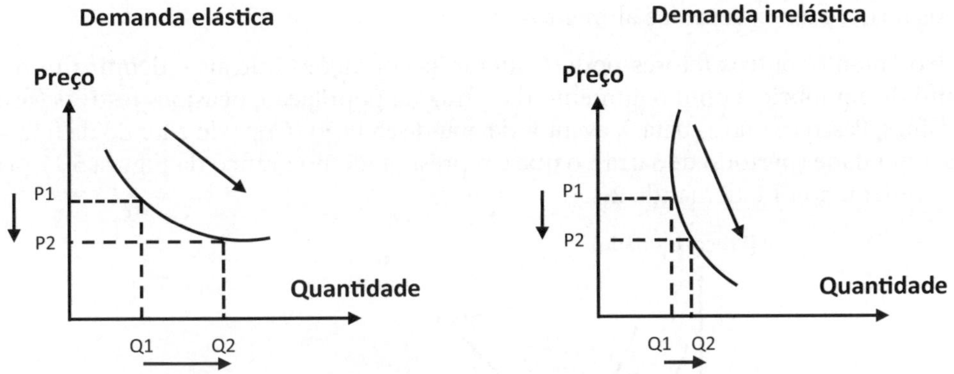

Figura 5.9 Comportamentos da elasticidade da demanda.

Análise semelhante pode ser feita para a elasticidade preço da oferta (EO), que reflete a disposição para aumentar ou diminuir a oferta na medida da variação do preço.

$$EO = \text{Var. \% na quantidade ofertada / Var. \% no preço}$$

$$EO = (\Delta Q/Q) / (\Delta P/P)$$

A elasticidade preço da oferta sempre será positiva, uma vez que qualquer aumento nos preços se torna um motivador para que a oferta também cresça.

Essas análises levam à representação gráfica da Figura 5.10, que possibilita a compreensão do comportamento do preço em função das condições de oferta e demanda dentro de um mercado competitivo.

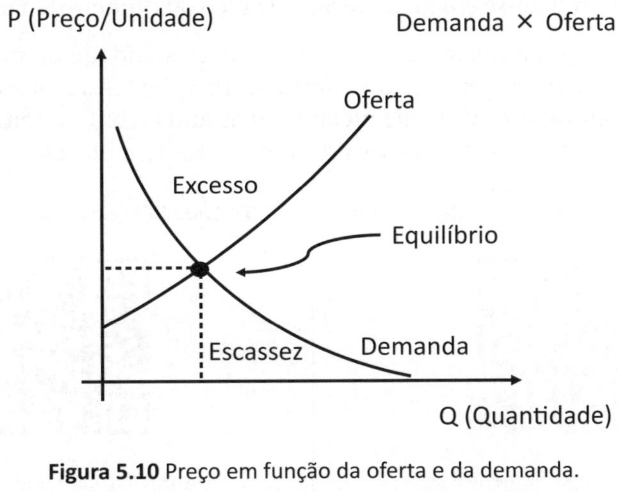

Figura 5.10 Preço em função da oferta e da demanda.

O gráfico mostra que quando a demanda é maior que a quantidade ofertada ocorre escassez do produto/serviço, pressionando para um aumento do preço. Quando ocorre o contrário, ou seja, existe oferta do produto/serviço maior do que a procura, ocorre excesso de disponibilidade no mercado, pressionando para uma redução nos preços até que o ponto de equilíbrio seja atingido. Essas condições de preço × demanda × oferta são facilmente percebidas no dia a dia, notadamente em produtos/serviços com múltiplos fornecedores, como os alimentos.

No entanto, outros fatores podem alterar as condições iniciais e definir um novo ponto de equilíbrio, como o aumento da renda da população, ocasiões festivas (festas natalinas, Páscoa e outras datas), eventos de grande atenção (Copa do Mundo de futebol) e sazonalidade (período de safra), o que é representado no gráfico da Figura 5.11 pelas curvas demanda 1 e demanda 2.

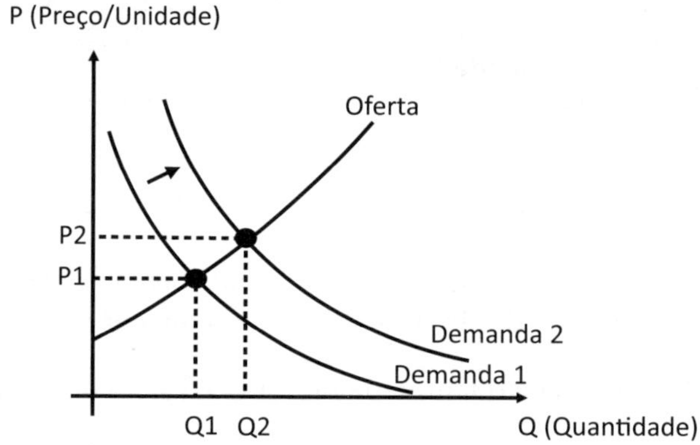

Figura 5.11 Variação do preço × demanda × oferta.

Ressalte-se que as condições de elasticidade de mercado aqui apresentadas em seus principais aspectos não se limitam a produtos e serviços convencionais, sendo válidas também para o mercado financeiro.

O crescimento da demanda por moedas estrangeiras, como o dólar, provoca o aumento de seu valor (preço) frente à moeda nacional. Da mesma forma, a variação da procura por crédito reflete-se em taxas de juros (preço do dinheiro) maiores ou menores.

Os QR Codes 5D e 5E ilustram os conceitos de elasticidade de mercado por meio de vídeos sobre o tema. O primeiro focaliza as relações entre preço e demanda. O segundo aborda outras variáveis que afetam a demanda, como a renda, os hábitos da sociedade, os produtos substitutos e os produtos complementares.

QR Code 5D – Elasticidade preço da demanda	**QR Code 5E** – Elasticidade outros fatores
http://livro.link/elementos5d	http://livro.link/elementos5e

5.4 ADMINISTRAÇÃO DO CAIXA

O quinto segmento de grande importância para o conhecimento do gestor na área de finanças refere-se à forma como se dá a entrada e a saída de recursos no caixa da organização.

Imagine-se, por exemplo, que um grupo de amigos esteja estudando a possibilidade de implantar uma fábrica de cosméticos para venda a grandes redes de varejo. Nessa análise, além de definições sobre produtos, marketing e distribuição, algumas questões não podem ser relegadas ao esquecimento, como a necessidade de recursos financeiros para sustentar essas operações, prazos para pagar fornecedores e empregados e para receber dos clientes e o volume de dinheiro necessário para sustentar essas defasagens.

Raramente esses aspectos são objeto de avaliações realistas, o que pode representar um enorme risco para qualquer negócio. Muitas empresas operacionalmente eficientes viram seus lucros comprometidos por deficiências na administração do caixa, chegando à inviabilidade do empreendimento. Descompassos entre entradas e saídas de dinheiro podem levar a:

- adoção de práticas de desconto de recebíveis (duplicatas e cheques pré-datados), representando perdas financeiras que comprometem o resultado;
- necessidade de expressivo montante de capital de giro para financiamento das operações, que poderia estar disponível para aplicações rentáveis; e
- necessidade de financiamentos, elevando o pagamento de juros e encargos financeiros.

No limite, essas condições podem levar à insolvência da empresa. Alguns conceitos importantes sobre esse tema:

- Ciclo de caixa: tempo médio (em dias) decorrido entre o desembolso para pagamento aos fornecedores e o recebimento pela venda dos produtos feitos com aqueles insumos.
- Giro de caixa: número de vezes ao ano que ocorrem os ciclos de caixa (considerando-se um período de 360 dias).

Giro de caixa = 360 / ciclo de caixa

- Ciclo operacional: tempo médio entre o recebimento dos insumos e o recebimento do pagamento pelos clientes.

A Figura 5.12 representa o diagrama do caixa em relação ao tempo e permite um melhor entendimento desses conceitos.

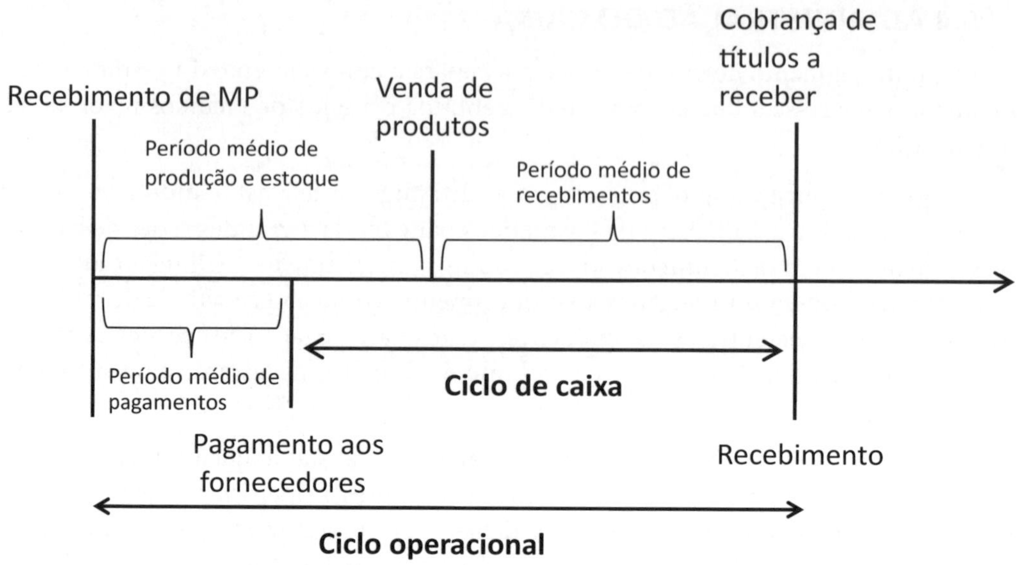

Figura 5.12 Diagrama do caixa em relação ao tempo.

Como se pode ver na Tabela 5.3, o prazo de pagamento a fornecedores pode ser obtido por média ponderada.

Tabela 5.3 Média ponderada dos pagamentos a fornecedores

Item	Valor	Prazo para pagamento (dias)	Valor × Prazo
Salários	200.000,00	25	5.000.000,00
Fornecedor A	350.000,00	30	10.500.000,00
Fornecedor B	185.000,00	45	8.325.000,00
Fornecedor C	150.000,00	60	9.000.000,00
Energia	25.000,00	15	375.000,00
Despesas diversas	55.000,00	30	1.650.000,00
Impostos	80.000,00	45	3.600.000,00
Encargos	140.000,00	30	4.200.000,00
Total	1.185.000,00		42.650.000,00

Nesse caso, o prazo médio de pagamentos é dado por:

Prazo médio ponderado = 42.650.000/1.185.000 = 36 dias.

O prazo de estoques também pode ser obtido da mesma forma, como mostra a Tabela 5.4.

Tabela 5.4 Média ponderada dos valores em produção e estoque

Estoques	Valor	Prazo de produção e estoques (dias)	Valor × Prazo
Matérias-primas	55.000,00	70	3.850.000,00
Produtos em elaboração	20.000,00	20	400.000,00
Produtos acabados	60.000,00	50	3.000.000,00
Total	135.000,00		7.250.000,00

Com isso, obtém-se um tempo médio ponderado de estoques, dado por 7.250.000/135.000, o que resulta em aproximadamente 54 dias.

A mesma analogia para o prazo médio de recebimentos é exibida na Tabela 5.5.

Tabela 5.5 Média ponderada dos valores a receber

Clientes	Valor	Prazo para recebimento (dias)	Valor × Prazo
A	800.000,00	90	72.000.000,00
B	350.000,00	60	21.000.000,00
C	600.000,00	45	27.000.000,00
D	150.000,00	0	–
E	220.000,00	40	8.800.000,00
Total	2.120.000,00		128.800.000,00

Portanto, o prazo médio ponderado de recebimento pode ser calculado da seguinte maneira:

$$128.800.000/2.120.000 \cong 61 \text{ dias.}$$

O diagrama de caixa pode ser visto na Figura 5.13.

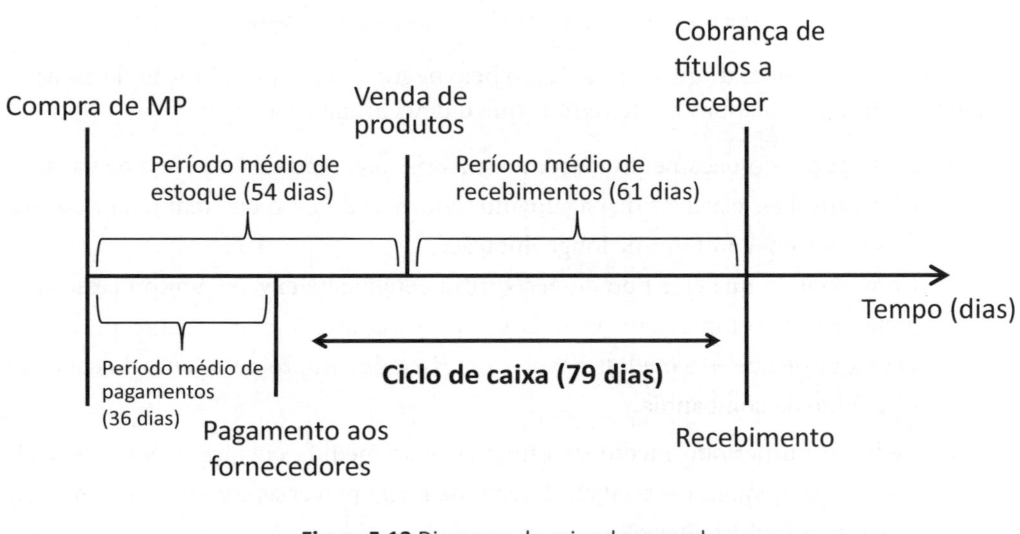

Figura 5.13 Diagrama de caixa do exemplo.

Isso significa que haverá 360/79 giros de caixa por ano, ou seja, que o ciclo se repetirá 4,56 vezes por ano. A questão então é: qual o montante de dinheiro que deverá ser reservado para movimentar o negócio? Isso também é chamado de caixa mínimo operacional ou de capital de giro.

Como visto, haverá dispêndios de R$ 1.185.000 a cada 36 dias, ou R$ 11.850.000 no ano (360 dias). Por outro lado, ocorrerão 4,56 ciclos de caixa no ano. Dessa forma, o capital de giro necessário será de R$ 11.850.000/4,56 = R$ 2.600.000.

Outra maneira de calcular o capital de giro considera que os fornecedores devem ser pagos a cada 36 dias. Os recebimentos só ocorrerão 79 dias depois. Portanto, nesse período ocorrerão 2,194 ciclos de pagamento de fornecedores.

Uma vez que cada ciclo envolve R$ 1.185.000, a reserva de caixa necessária será de R$ 1.185.000 × 2,194, ou seja, R$ 2.600.000.

Evidentemente, é desejável que o capital de giro necessário ao negócio torne-se o menor possível, de forma a liberar recursos aplicáveis de maneira mais rentável e interessante. Para que isso aconteça, faz-se necessário reduzir o tempo do ciclo de caixa, como ilustra a Figura 5.14.

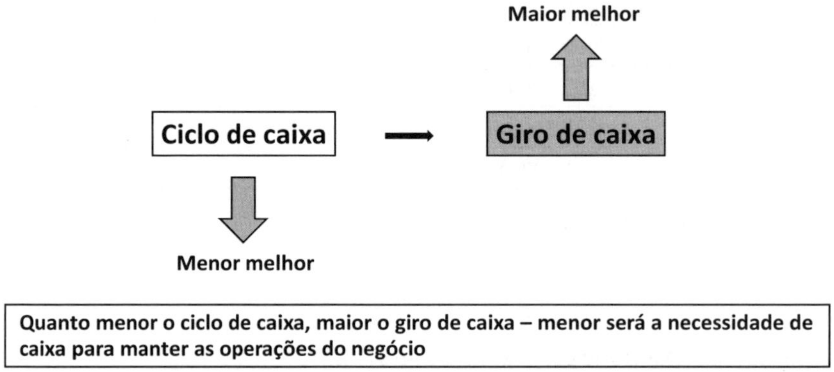

Figura 5.14 Otimização de ciclo de caixa e giro de caixa.

A redução do capital de giro demandado pelo negócio ocorre em função da atuação isolada ou simultânea sobre os elementos que o determinam, ou seja:

- Postergação do pagamento de compromissos: essa medida envolve a negociação de prazos mais elásticos de pagamentos a fornecedores, o que tem maior chance de sucesso em contratos de longa duração.
  Considerando que esse tipo de negociação geralmente envolve um processo desgastante para a empresa, recomenda-se a priorização dos valores mais expressivos. Destaque-se que essa medida envolve um risco de comprometimento do conceito de crédito da companhia.
- Redução do período médio de estoques: essa medida envolve ações essencialmente operacionais e o estabelecimento de fortes parcerias com fornecedores. As ações mais importantes são:

  - Redução do ciclo de matérias-primas, com melhoria de controle de estoque e redução do tempo de reposição (no limite, *just-in-time*).
  - Redução do ciclo de produção, com o uso de técnicas de planejamento, programação e controle de produção (PPCP).
  - Redução do tempo de estoque de produtos acabados, com o aperfeiçoamento das previsões de demanda, controle do estoque e melhor sincronismo entre vendas e produção.
- Redução do prazo de contas a receber: essa terceira medida implica:
  - Aplicação de políticas mais agressivas de cobrança.
  - Padrões mais restritivos de fornecimento de crédito aos consumidores.

Deve-se esperar que a implantação de tais ações tenha reflexos negativos sobre vendas, uma vez que terão impacto direto sobre o fluxo de caixa dos clientes.

Para avaliação do efeito de tais medidas, usando o mesmo exemplo já apresentado, pode-se supor as alterações a seguir.

- Condição inicial:
  - Ciclo de pagamentos =36 dias
  - Ciclo de estoque = 54 dias
  - Ciclo de recebimento = 61 dias
  - Desembolso anual = R$ 11.850.000
  - Caixa mínimo operacional (capital de giro) = R$ 2.600.000
- Condição modificada:
  - Ciclo de pagamentos = 45 dias
  - Ciclo de estoque = 40 dias
  - Ciclo de recebimentos = 48 dias

Essas alterações resultam em:

  - Ciclo de caixa = (48 + 40) – 45 = 43 dias
  - Giro de caixa = 360 / 43 = 8,37
  - Capital de giro = R$ 11.850.000 / 8,37 = R$ 1.415.417
  - Redução = 45,5%

O conceito prático de capital de giro é o objeto do vídeo apresentado pelo QR Code 5F.

QR Code 5F – Capital de giro

http://livro.link/elementos5f

5.5 DEMONSTRATIVO DE RESULTADOS (DRE)

Para melhor compreensão deste tema, faz-se necessário uniformizar a terminologia, que em geral não é dominada pelos profissionais que não trabalham na área financeira.

Os principais termos utilizados em DRE são os seguintes:

- Demonstrativo de resultado: apresenta o desempenho da empresa em um determinado período, em termos de receitas, custos diretos, despesas operacionais, despesas financeiras, depreciação, impostos e lucro líquido.
- Receita: soma de todas as entradas de recursos na empresa, decorrentes de suas vendas (faturamento). Eventualmente pode envolver também o resultado de aplicações financeiras.
- Custos variáveis: são os custos e despesas diretamente relacionados à produção ou aquisição do bem/serviço comercializado. Nessa categoria encontram-se as matérias-primas utilizadas nas unidades vendidas.
- Margem: diferença entre o preço líquido de venda (desconto dos custos de vendas e impostos) e o custo variável do produto/serviço.
- Custos e despesas fixos: são os custos e despesas incorridos nas atividades de suporte e que não guardam relação com a produção/venda ou prestação de serviços. Nessa categoria estão, por exemplo, as despesas com segurança patrimonial ou os custos com o pessoal administrativo.
- LAJIDA (lucro antes de juros, impostos, depreciação e amortização) ou EBITDA (*earns before interests, tax, depreciation and amortization*): representa o resultado das operações do negócio (lucro operacional + amortização + depreciação).
- Depreciação: perda de valor de um bem durável ao longo do tempo. Em geral as taxas de depreciação (percentual do valor original debitado anualmente do bem) são reguladas por instruções legais e impactam o imposto de renda a pagar.
- Lucro operacional: diferença entre as margens ou lucro bruto e os custos e despesas totais incorridos na produção (inclusive depreciação e amortização). Equivale ao termo em inglês EBIT (*earns before interests and tax*).
- Lucro líquido: resultado disponibilizado pela empresa, cuja destinação é definida pelos sócios.

Há algumas variações na forma de apresentação de resultados, mas duas formas são mais comumente encontradas. Na primeira, apresentada no Quadro 5.3, o demonstrativo de resultados destaca o LAJIDA, dando ênfase para o desempenho das atividades-fim da empresa. Na segunda, apresentada no Quadro 5.4, o DRE, desempenho de todas as operações, inclusive as financeiras.

Quadro 5.3 DRE destacando o LAJIDA

+	Receitas de vendas
–	Deduções e impostos
=	Receita líquida
–	Custos variáveis
=	Margem bruta
–	Despesas variáveis (exemplo: despesas com vendas)
=	Margem líquida
–	Custos e despesas fixos
=	EBITDA ou LAJIDA
–	Depreciação e amortização
–	Outras despesas (exemplo: juros de empréstimos)
=	Resultado operacional
–	Tributos (IRPJ e CSLL)
=	Resultado líquido

Quadro 5.4 DRE destacando o lucro operacional

Demonstrativo de resultados	De 01/1/20XX a 31/12/20XX
Receita bruta	
(–) Deduções e abatimentos (impostos de vendas, vendas canceladas e descontos concedidos)	
= Receita líquida	
(–) Custos variáveis	
= Lucro bruto	
(–) Despesas operacionais	
Despesas de vendas	
Custos e despesas fixos	
Despesas financeiras	
Receitas financeiras	
Multas fiscais	
= Lucro (ou prejuízo) operacional	
(+) Receitas não operacionais (exemplo: venda de ativos)	
(–) Despesas não operacionais (perda ou dano permanente de ativos)	
= Resultado antes de impostos	
(–) IRPJ e CSLL	
(–) Participações (pagamentos a acionistas)	
= Lucro líquido do exercício	

Qualquer que seja o modelo utilizado, o DRE resume todos os aspectos de finanças apresentados até aqui, como mostra o Quadro 5.5.

Quadro 5.5 Relação entre DRE e outros conceitos de finanças

+	**Receitas de vendas**	Preço (custos diretos + indiretos) e demanda
–	Deduções e impostos	
=	**Receita líquida**	
–	Custos variáveis	Custos variáveis e demanda
=	**Margem bruta**	
–	Despesas variáveis (exemplo: despesas com vendas)	Demanda
=	**Margem líquida**	
–	Custos e despesas fixos	Custos fixos
=	**EBITDA ou LAJIDA**	
–	Depreciação e amortização	Investimentos e uso dos ativos
–	Outras despesas (exemplo: juros de empréstimos)	Gestão do caixa
=	**Resultado operacional**	
–	Tributos (IRPJ e CSLL)	
=	**Resultado líquido**	

A questão-chave concentra-se em levar os gestores a identificar, a partir do demonstrativo de resultados, que pontos podem ser trabalhados para a melhoria dos resultados empresariais. Algumas possibilidades a considerar são as seguintes:

- Aumento do lucro bruto ou margem total
  - Aumento da margem de contribuição unitária de cada produto ou serviço pela redução inteligente dos custos de produção.
  - Busca da combinação preço × demanda que propicie a máxima receita e máximas margens totais.
- Redução dos custos fixos
  - Dispêndios que não estão diretamente ligados à produção: estrutura administrativa, serviços complementares, aluguéis etc.
- Redução das despesas financeiras
  - Descompasso entre recebimentos e pagamentos (gestão do caixa), estoque excessivo, financiamentos etc.

Destaque-se que as abordagens sobre redução de custos e despesas são particularmente eficazes quando direcionadas para a eliminação de perdas e desperdícios, normalmente provocados por erros, retrabalhos, ineficiências dos processos de trabalho e ausência de uma mentalidade de "organização enxuta".

Um exercício de construção passo a passo do demonstrativo de resultados do exercício pode ser acessado por meio do QR Code 5G.

QR Code 5G – DRE

http://livro.link/elementos5g

5.6 ANÁLISE DE VIABILIDADE DE INVESTIMENTOS

A partir do momento em que o profissional assume uma posição na cadeia de comando da organização, é esperado que passe a participar de uma série de tomadas de decisão importantes para o negócio, entre as quais a definição da realização ou não de determinadas transações de expansão, venda ou aquisição.

Essas operações são definidas como investimentos, isto é, aplicação de capital na compra de bens duráveis (máquinas, equipamentos, sistemas completos, imóveis etc.) ou mesmo de outras empresas, na expectativa de maximizar lucros futuros.

Decisões desse tipo muitas vezes são tomadas apenas com base na vontade e na sensibilidade do gestor, o que não raramente leva à frustração das expectativas iniciais.

A análise de investimentos envolve a aplicação de métodos de avaliação baseados nos princípios de matemática financeira, que devem dar suporte às tomadas de decisão de negócios que envolvam ganhos futuros: aumento de receitas ou redução de custos.

A decisão sobre a realização de um investimento envolve pelo menos quatro considerações, a saber:

- O que caracteriza uma decisão é a existência de mais de uma alternativa de investimento. No limite, há alternativa de não fazer nada, mantendo os recursos em aplicações financeiras conservadoras, em oposição a apenas uma alternativa de investir.
- A escolha da melhor alternativa não deve ser arbitrária e emocional, mas racional, fruto de cuidadosa análise técnica, obedecendo a normas e a procedimentos técnico-financeiros consagrados.
- A decisão de investir depende do retorno esperado: quanto maiores os ganhos futuros que podem ser obtidos de certo investimento, mais atraente ele parecerá para qualquer investidor.
- Não se trata de simples avaliação das vantagens e desvantagens de cada alternativa de investimento. A análise é baseada em eventos futuros que têm como

denominador comum o dinheiro, representado por projeções de fluxo de caixa que o investimento poderá proporcionar, como mostrado esquematicamente na Figura 5.15.

Para a aplicação desses métodos considera-se, como dito anteriormente, a previsão do fluxo de caixa resultante do investimento (Figura 5.15).

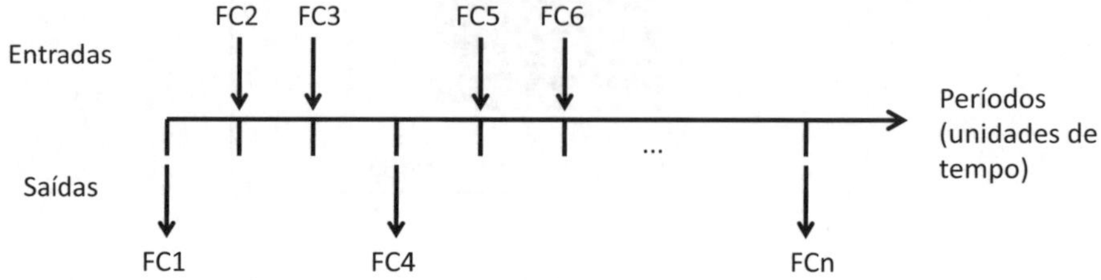

Figura 5.15 Modelo genérico do diagrama do fluxo de caixa.

Como entradas consideram-se tanto as projeções de novas receitas líquidas como as de reduções de custos, uma vez que ambas impactam da mesma forma os lucros da organização.

As saídas representam os desembolsos com a aquisição de equipamentos, adequação de instalações, projetos de engenharia, compensações ambientais, licenças e outras medidas necessárias à concretização do empreendimento.

O fluxo de caixa deve expressar os movimentos de entrada e saída de capital durante todo o tempo de vida útil ou vida econômica do projeto. A data zero representa o momento em que terão início os desembolsos efetivos do investimento.

5.6.1 TAXA MÍNIMA DE ATRATIVIDADE

Para a aplicação dos métodos de análise de investimentos, será sempre necessário definir a taxa de rendimento mínima esperada do negócio, que é função do risco que atribuímos a ele e da situação presente no mercado financeiro (taxas de juros praticadas).

Portanto, pode-se dizer que a taxa de retorno esperada de um investimento possui uma expressiva parcela definida de forma subjetiva, podendo variar de pessoa para pessoa, de empresa para empresa, de ramo de negócios para ramo de negócios e da maior ou menor aversão ao risco do investidor.

Conceitualmente, a taxa mínima de atratividade (TMA) do capital próprio é representada por:

$$\text{TMA capital próprio} = \text{custo da oportunidade} + \text{prêmio de risco}$$

O custo da oportunidade é o benefício perdido em virtude de uma determinada escolha realizada. Por exemplo, ao optar por colocar seu capital em um determinado negócio, o investidor renunciará à oportunidade de fazer uma aplicação financeira que lhe traria um rendimento seguro (custo da oportunidade).

O prêmio de risco é a parcela da taxa de remuneração que supera o custo da oportunidade, representando a bonificação pelo enfrentamento das incertezas do empreendimento.

A Figura 5.16 mostra uma representação da relação entre risco e taxa de atratividade. Como referência, considera-se risco muito baixo os títulos públicos garantidos por governos confiáveis.

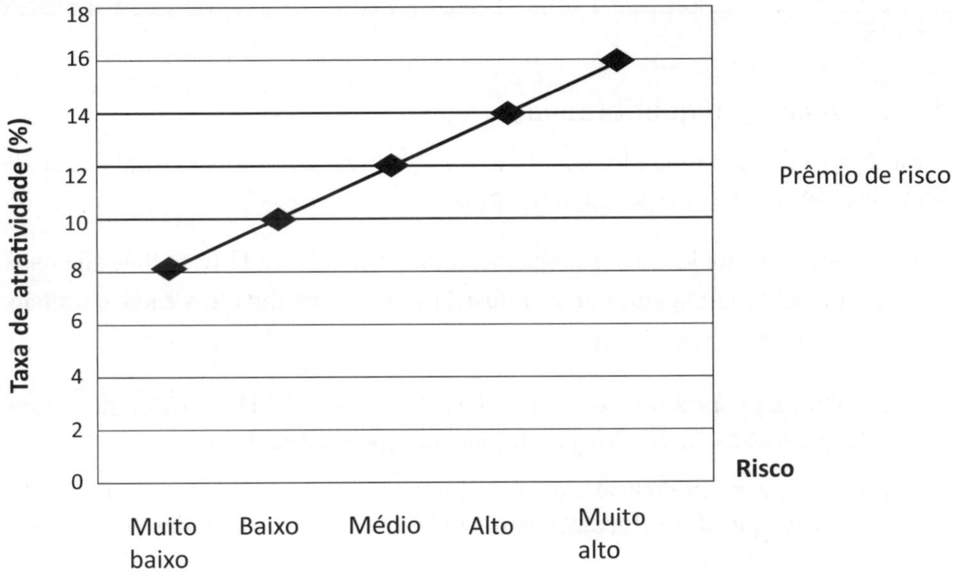

Figura 5.16 Taxa de atratividade × risco.

Ainda que exista subjetividade na definição da taxa mínima de atratividade (TMA), ela pode ser apoiada por técnicas de análise de risco bastante úteis.

Risco é função da combinação da probabilidade de ocorrência de um evento indesejável com a gravidade de suas consequências. Para possibilitar uma análise que oriente as decisões de negócio podem ser usadas três técnicas de avaliação, ou de valoração, como denominadas em algumas publicações: a qualitativa, a quantitativa e a semiquantitativa.

5.6.1.1 Avaliação qualitativa

É a forma mais simples de avaliar os riscos, classificando-os em uma de três categorias: alto, médio e baixo. Para desenvolvê-la é necessário construir uma matriz que combine a probabilidade de ocorrência do evento indesejável e sua consequência, definindo classes de risco para as quais podem ser atribuídas TMA específicas. O Quadro 5.6 mostra uma matriz típica de avaliação qualitativa do risco.

Quadro 5.6 Matriz de valoração qualitativa

Valoração qualitativa		Chance de ocorrência				
		Frequente	Provável	Ocasional	Remota	Improvável
Consequência	Catastrófica	Alto	Alto	Médio	Baixo	Baixo
	Crítica	Alto	Alto	Médio	Baixo	Baixo
	Séria	Médio	Médio	Médio	Baixo	Baixo
	Moderada	Médio	Médio	Médio	Baixo	Baixo
	Leve	Baixo	Baixo	Baixo	Baixo	Baixo

5.6.1.2 Avaliação quantitativa

Essa técnica faz uso de dados estatísticos existentes, sendo mais usual em análises de segurança individual e coletiva. Exemplos:

- O índice de fatalidade por descarga atmosférica é 1 a cada 10 milhões de raios.
- O índice de fatalidade numa indústria é de 1,5 fatalidade a cada 1 milhão de homens-hora trabalhadas.

Nestes casos, a própria taxa de frequência de acidentes é uma forma de valorar o risco, desde que a consequência seja referenciada (fatalidades).

Os Quadros 5.7 e 5.8 ilustram os critérios de categorização da probabilidade de ocorrência em função das informações históricas e da severidade das consequências dos eventos indesejáveis.

Quadro 5.7 Categorização de eventos por frequência de ocorrência

Probabilidade	Critério de categorização
Remota	Ocorrência não esperada ao longo da vida do projeto
Pouco provável	1 ocorrência ao longo da vida do projeto
Ocasional	Até 1 ocorrência a cada 10 anos de vida do projeto
Provável	1 ocorrência a cada ano de vida do projeto
Frequente	Mais de uma ocorrência a cada ano de vida do projeto

Quadro 5.8 Categorização por gravidade da consequência

Consequência	Critério de categorização
Baixa	Eventos típicos de primeiros socorros
Média	Evento com potencial para provocar afastamento do trabalho
Alta	Evento com potencial para gerar lesão ou perda permanente
Extrema	Fatalidade ou doença degenerativa

A classificação dos eventos de acordo com esses critérios permite a construção de uma matriz semelhante à da análise quantitativa, como exemplifica o Quadro 5.9.

Quadro 5.9 Matriz de valoração quantitativa de risco

Valoração quantitativa frequente		Chance de ocorrência			
		Provável	Ocasional	Remota	Improvável
Consequência	Extrema	Alto	Alto	Médio	Baixo
	Alta	Alto	Alto	Médio	Baixo
	Média	Médio	Médio	Médio	Baixo
	Baixa	Baixo	Baixo	Baixo	Baixo

5.6.1.3 Avaliação semiquantitativa

Poucas são as oportunidades em que se dispõem de dados estatísticos para desenvolver a análise de risco e diversas são as vezes em que a avaliação qualitativa se mostra insuficiente para o propósito desejado.

Por isso, foi criada uma ferramenta que permitisse a utilização de atributos qualitativos e quantitativos simultaneamente, denominada avaliação semiquantitativa. Esses conceitos são aplicados atualmente na maioria das matrizes de análise de risco.

Nessa técnica não são utilizados dados históricos de eventos, mas pesos relativos tanto para a probabilidade de ocorrência como para a gravidade da consequência. O produto desses pesos permite separar grupos de diferentes níveis de risco para os quais o investidor pode atribuir TMA específicos. O Quadro 5.10 ilustra essa metodologia.

Quadro 5.10 Matriz de avaliação semiquantitativa de risco

Valoração semiquantitativa		Peso	Chance de ocorrência				
			Improvável	Remota	Ocasional	Provável	Frequente
			1	3	5	7	9
Consequência	Catastrófica	32	32	96	160	224	288
	Crítica	16	16	48	80	112	144
	Séria	8	8	24	40	56	72
	Moderada	4	4	12	20	28	36
	Leve	2	2	6	10	14	18

	Risco muito baixo
	Risco baixo
	Risco médio
	Risco alto
	Risco muito alto

Até aqui abordou-se a questão da definição da taxa mínima de atratividade para o capital próprio, mas na maioria das vezes há necessidade de recorrer ao capital de terceiros para o projeto, normalmente representado por empréstimos de bancos de desenvolvimento.

Nesses casos, a taxa de atratividade a ser considerada para a análise da viabilidade de um projeto resulta da ponderação entre as taxas desses capitais, ou custo médio ponderado de capital, conhecido no segmento financeiro pela sigla WACC (*weighted average capital cost*) e dado por:

$$WACC = Ke\ [E/(E+D)] + Kd\ [E/(E+D)]$$

em que:

E = total de capital próprio;

D = total da dívida;

Ke = taxa de atratividade para o capital próprio;

Kd = taxa da dívida.

5.6.2 MÉTODOS DE ANÁLISE DE VIABILIDADE

Três métodos de avaliação podem ser considerados como mais conhecidos e utilizados para a definição da viabilidade e atratividade de investimentos:

- método do valor presente líquido (VPL ou NPV);
- método do tempo de retorno ou *payback*;
- método da taxa interna de retorno (TIR).

Vale destacar que esses métodos não são excludentes, mas complementares. Por essa razão, devem ser sempre considerados conjuntamente.

5.6.2.1 Método do valor presente líquido (VPL ou NPV)

Nesse método, cada um dos valores de entrada e saída dos fluxos de caixa representativos dos investimentos em estudo são descontados (referenciados a valor presente) com a utilização da taxa mínima de atratividade.

$$PVx = FVx/(1 + i)^x$$

em que "i" é a taxa mínima de atratividade e "x" é o número de períodos. Nesse caso, é também chamado de fator de descapitalização.

O valor total referido ao presente é dado por:

$$NPV \text{ ou } VPL = \sum PVx$$

Se o somatório dos valores descontados na data zero, como mostra a Figura 5.17, for positivo, a possibilidade de investimento se mostra atrativa; se for igual a zero, sua implantação é indiferente; e, caso seja negativa, considera-se a proposta descartável.

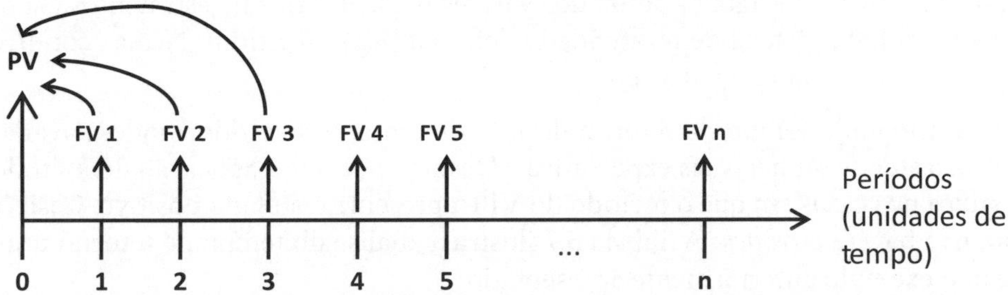

Figura 5.17 Diagrama de caixa com valores referenciados ao presente (data zero)

O exemplo a seguir e a Tabela 5.6 ilustram esse método. Trata-se da possibilidade de adquirir novos equipamentos que exigirão um investimento inicial de R$ 35.000 e têm vida útil de sete anos.

As projeções indicam que esse investimento permitirá aumentar o lucro líquido em R$ 12.000 nos quatro primeiros anos e R$ 15.000 nos três últimos. Ao final da vida útil, prevê-se que os equipamentos poderão ser vendidos por R$ 6.000. Considerando as taxas financeiras do mercado e o risco envolvido no negócio, a direção da empresa estabeleceu que seus novos projetos devem considerar uma taxa de atratividade de 20%.

Tabela 5.6 Fluxo de caixa e cálculo do valor presente líquido (VPL)

Ano	Caixa	Fator de descapitalização	VPL
0	-35.000,00	1,000	-35.000,00
1	12.000,00	1,200	10.000,00
2	12.000,00	1,440	8.333,33
3	12.000,00	1,728	6.944,44
4	12.000,00	2,074	5.785,92
5	15.000,00	2,488	6.028,94
6	15.000,00	2,986	5.023,44
7	21.000,00	3,583	5.860,71
		Total	**12.976,79**

O VPL positivo ao final do período indica que, se as projeções de custos e de resultados estiverem corretas, o investimento é viável.

5.6.2.2 Método do tempo de retorno (*payback*)

A análise pelo método do *payback* tem por objetivo, como o nome sugere, definir em quanto tempo o projeto retornará o investimento inicial. A partir do momento de retorno do investimento, o projeto iniciará a etapa de geração de lucros reais para o investidor.

O retorno do investimento se dá quando a soma dos valores presentes dos lucros líquidos (entradas) for igual à soma dos valores presentes dos investimentos (saídas), todos descontados à taxa de atratividade definida pelo investidor. Nessas condições, tem-se VPL acumulado igual a zero.

Determinado o tempo de retorno do investimento, o investidor poderá avaliar se esse prazo atende ou não suas expectativas. Destaque-se que a aplicação do método só se justifica nos casos em que o método do VPL apresente resultado positivo. Caso contrário, não haverá *payback*. A Tabela 5.7 ilustra a análise do tempo de retorno usando o mesmo exemplo anteriormente apresentado.

Tabela 5.7 Avaliação do tempo de retorno do investimento

Ano	Caixa	Fator de descapitalização	VPL	VPL acumulado por período
0	-35.000,00	1,000	-35.000,00	-35.000,00
1	12.000,00	1,200	10.000,00	-25.000,00
2	12.000,00	1,440	8.333,33	-16.666,67
3	12.000,00	1,728	6.944,44	-9.722,22
4	12.000,00	2,074	5.785,92	**-3.936,30**
5	15.000,00	2,488	6.028,94	**2.092,64**
6	15.000,00	2,986	5.023,44	7.116,08
7	21.000,00	3,583	5.860,71	12.976,79

O valor presente acumulado, dado pela soma sequencial das entradas (+) e saídas (–) de caixa a cada período passa de um valor negativo para positivo entre o quarto e o quinto ano, o que significa que os lucros tornam-se iguais ao investimento inicial nesse período. Uma interpolação simples indica o *payback* em quatro anos e oito meses. O *payback* pode ser graficamente representado pela Figura 5.18.

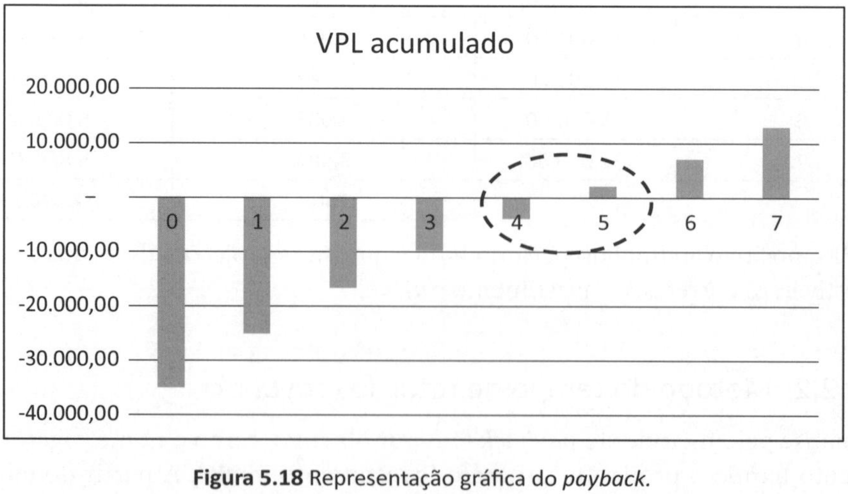

Figura 5.18 Representação gráfica do *payback*.

5.6.2.3 Método da taxa interna de retorno (*TIR ou internal rate of return – IRR*)

Neste método, busca-se a taxa efetiva do projeto, considerando as mesmas projeções de investimento e lucros utilizadas para avaliação do VPL e do *payback*. Em outras palavras, deseja-se encontrar a taxa de juros que, aplicada ao fluxo de caixa, faça com que o somatório dos valores descontados, no momento zero, seja *igual a zero* (VPL total = 0). A essa taxa de juros encontrada dá-se o nome de taxa interna de retorno de um investimento, ou simplesmente taxa de retorno.

O cálculo da taxa de retorno que torna o VPL total igual a zero envolve procedimentos matemáticos mais complexos, e um processo de tentativa e aproximação pode ser mais simples e eficaz. O Excel faz esse tipo de cálculo, mas é importante entender seu significado e modo de desenvolvimento. O processo de tentativa e aproximação consiste em iniciar os cálculos com uma taxa de juros arbitrária e ir aumentando-a ou diminuindo-a, até que o VPL total seja zero.

A tabela a ser construída é a mesma utilizada para o método do valor presente líquido.

Aplicando o método iterativo no mesmo exemplo usado até aqui obtém-se a Tabela 5.8, considerando uma taxa de desconto de 31,7%:

Tabela 5.8 Tabela da TIR

Ano	Caixa	Fator de descapitalização	VPL
0	-35.000,00	1,000	-35.000,00
1	12.000,00	1,317	9.111,62
2	12.000,00	1,734	6.920,42
3	12.000,00	2,284	5.253,94
4	12.000,00	3,008	3.989,36
5	15.000,00	3,962	3.785,97
6	15.000,00	5,218	2.874,66
7	21.000,00	6,872	3.055,88
		Total	**-8,16**

Usando as ferramentas do Excel, mais especificamente a função TIR:

=TIR (Primeiro valor do fluxo de caixa: último valor do fluxo de caixa)

= 31,69%

O valor de TIR obtido deverá ser confrontado com a taxa mínima de retorno aceitável definida pelo investidor.

Dois aspectos referentes aos métodos de análise de viabilidade de investimentos merecem comentários:

- Muitas vezes, a análise envolve alternativas de investimentos que visam atender a exigências legais, regulatórias ou de segurança, não representando qualquer expectativa de lucro futuro, o que inevitavelmente levará a um VPL negativo. Assim, inexistem o *payback* e a TIR.

Nesses casos, será mais atraente a alternativa que, atendendo a todos os requisitos técnicos necessários, apresentar o menor VPL negativo.

- Não são raros os projetos que se apresentam altamente atraentes quando analisados à luz dos três métodos consagrados, mas que acabam, na prática, resultando em fracassos. Inúmeros motivos podem explicar cada um desses casos de insucesso, como alterações de mercado e crises econômicas. Porém, algumas causas podem ser apontadas como mais comuns, destacando-se:
  - o necessidades de investimentos subestimadas;
  - o resultados futuros superestimados;
  - o alteração do escopo do projeto.

Por essa razão, é de boa prática considerar três cenários na análise de viabilidade de investimentos: otimista, pessimista e mais provável de ocorrer.

A despeito dessa prática mitigatória, recomenda-se uma posição conservadora e prudente na avaliação dos montantes financeiros envolvidos, por mais sedutoras que sejam as questões tecnológicas e mercadológicas do projeto.

O QR Code 5H conduz a planilhas completas de análise de viabilidade de implantação de uma fábrica de sorvetes de grande porte, envolvendo projeções de custos fixos, custos variáveis, produção, receitas brutas, lucro líquido e cálculo de valor presente líquido, tempo de retorno e taxa interna de retorno.

QR Code 5H – Planilhas fábrica de sorvetes

http://livro.link/elementos5h

ELEMENTO 6

PLANEJAMENTO DE NEGÓCIOS

Durante muito tempo o nascimento de um negócio resultava da sensibilidade e do faro do empreendedor. Pouca ou nenhuma análise estruturada sustentava a tomada de decisão de colocar capital em uma oportunidade vislumbrada por alguém. Essa prática, que ainda persiste em nossos dias, teve como resultado tanto sucessos grandiosos como um expressivo número de fracassos, mostrando que iniciativas de exploração de oportunidades de negócios requerem avaliações mais estruturadas e menos intuitivas.

No ambiente empresarial moderno, é constante a busca de oportunidades de criação, expansão ou diversificação de produtos e mercados que possam levar ao crescimento da organização. Essas atividades exploratórias não dispensam a inspiração da visão empreendedora, mas passam a constituir projetos que envolvem o detalhamento da ideia inicial e a elaboração de análises, projeções e planejamento de implantação, de modo a minimizar os riscos e as incertezas para a empresa.

Para o desenvolvimento desses trabalhos, o gestor conta com ferramentas de apoio, destacando-se o modelo de negócios e o plano de negócios, que são sinteticamente apresentados a seguir.

6.1 MODELO DE NEGÓCIOS

O modelo de negócios possibilita a colocação das ideias no papel de forma organizada, atendendo à necessidade de viabilizar análises críticas e o amadurecimento de um novo empreendimento em estudo.

O *business model generation*, ou simplesmente *canvas* (quadro de modelo de negócios), é uma ferramenta desenvolvida pelo pesquisador Alexander Osterwalder e lhe rendeu o título de PhD. Posteriormente, o tema transformou-se em um livro chamado *Business Model Generation*, escrito por Alexander Osterwalder e Yves Pigneur e tido como referência desde então na modelagem de negócios.

Como definem os próprios autores, "um modelo de negócios descreve o raciocínio de como uma organização cria, entrega e captura valor". A ferramenta é conhecida pela forma ágil com que permite modelar e validar (ou não) uma ideia de negócios, embora necessite de complementos.

O *canvas* representa um esquema visual que possibilita às pessoas criar modelos de negócios analisando nove elementos que toda empresa ou organização possuem: proposta de valor, parcerias-chave, atividades-chave, recursos-chave, relacionamento com clientes, segmentos de clientes, canais de distribuição, estrutura de custos e fluxo de receitas.

Os nove componentes do *canvas* abrangem as quatro principais áreas de um negócio: clientes, oferta, infraestrutura e finanças, sendo uma das aplicações mais utilizadas por empreendedores e empresas para iniciar um negócio ou para inovar, conforme a Figura 6.1.

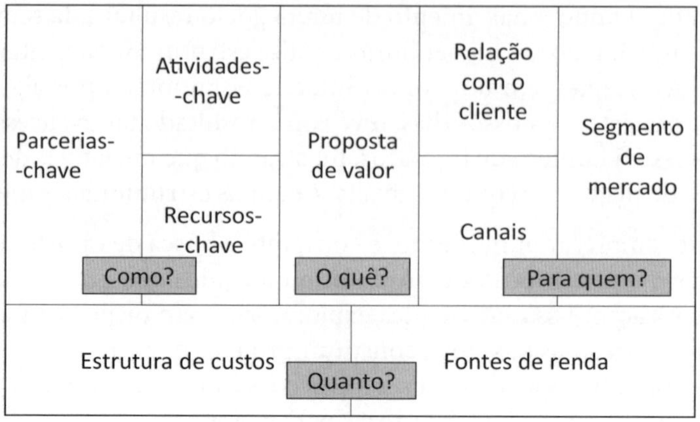

Figura 6.1 Modelo de negócios.

Essa estrutura permite analisar o modelo de negócios que está sendo criado ou remodelado, adaptado com o pensamento visual, que consiste em usar papéis adesivos e até desenhos para representar situações ou ideias. Com isso, ao olhar para o quadro é possível compreendê-lo rapidamente, comparar as relações entre os nove blocos e descobrir se existe sentido e complementação entre eles.

O *canvas* mostra uma fotografia de um negócio, que pode sofrer muitas alterações com o tempo e o amadurecimento das ideias. Muitos elementos podem ser inseridos ou retirados. Por isso, é comum utilizar papéis adesivos coloridos para mudar e modelar o negócio com mais facilidade.

As Figuras 6.2 e 6.3 mostram exemplos de prováveis modelos de negócios de conhecidas empresas.

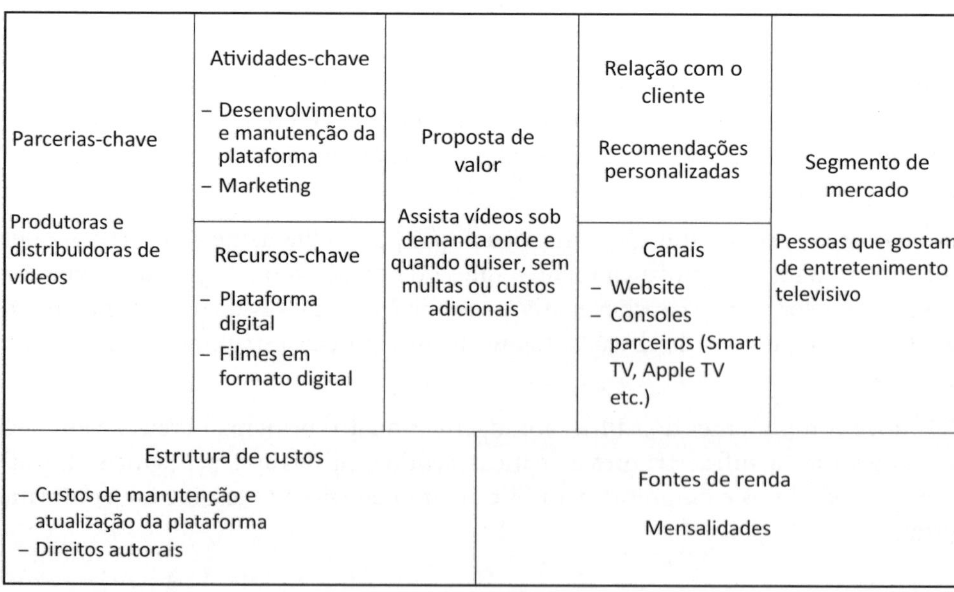

Figura 6.2 Provável modelo de negócio de uma provedora de filmes e séries via streaming.

<table>
<tr><td rowspan="2">Parcerias-chave

Fornecedores de insumos têxteis</td><td>Atividades-chave

- Análise de tendências e desenvolvimento de peças
- Fabricação e distribuição</td><td rowspan="2">Proposta de valor

Acesso rápido às últimas tendências da moda por preços acessíveis</td><td>Relação com o cliente

Canal para demandas dos clientes</td><td rowspan="2">Segmento de mercado

Mercado de massa</td></tr>
<tr><td>Recursos-chave
- Equipe de designers
- Marcas, lojas e tecnologia próprias</td><td>Canais

- Lojas
- E-commerce</td></tr>
<tr><td colspan="3">Estrutura de custos

- Fabricação e distribuição
- Equipe de designers</td><td colspan="2">Fontes de renda

Venda de produtos</td></tr>
</table>

Figura 6.3 Provável modelo de negócio de uma loja de roupas com presença internacional.

Por sua característica fortemente visual, o modelo possibilita que várias pessoas da empresa, e até outras não envolvidas diretamente no negócio da criação conjunta, participem do processo de construção e análise do modelo. Outras vantagens são a simplicidade, a praticidade e a rapidez de criação.

O QR Code 6A ilustra a elaboração do modelo de negócios dentro de um processo empreendedor.

QR Code 6A – Modelo de negócios

http://livro.link/elementos6a

A desvantagem do modelo de negócios reside em sua superficialidade, uma vez que seu desenvolvimento se baseia mais em hipóteses do que em estudos reais, o que leva muitas pessoas a considerá-lo como um ponto de partida.

Informações sobre possíveis reações da concorrência, análises de pontos fortes e fracos, além de expectativas financeiras, como investimentos necessários, receitas e custos, tornam-se fundamentais para permitir o desenvolvimento de avaliações mais concretas. Esses são os focos do desenvolvimento do plano de negócios.

6.2 PLANO DE NEGÓCIOS

O plano de negócios tem por objetivo buscar informações detalhadas e desenvolver análises sobre um potencial empreendimento, tanto em relação à viabilidade financeira como na identificação e no planejamento dos fatores-chave de sua gestão. A partir dessa conceituação, pode-se dizer que ele representa um exercício organizado de projeção do futuro, construído a partir das ideias iniciais de um modelo de negócios.

Pode-se dizer que a elaboração de um plano de negócios concentra-se na busca de respostas para as seguintes questões-chave:

- Qual a natureza do negócio (projeto)?
- O que vai ser oferecido ao mercado?
- A quem o produto vai ser oferecido?
- Quem serão os concorrentes?
- Qual a proposta de valor para o cliente (como competir)?
- O que será necessário (equipamentos, instalações, profissionais, divulgação)?
- Qual a vida esperada do projeto (equipamentos e instalações)?
- Quanto precisa ser investido para implantar o negócio (CAPEX)?
- Quais os lucros líquidos esperados ao longo do tempo (projeções de receitas, custos e despesas, impostos)?
- Qual o capital de giro necessário?
- Qual a taxa de atratividade definida pelos empreendedores?
- Quanto será o retorno do investimento e quando isso ocorrerá?

Um plano de negócios envolve cinco abordagens, ilustradas na Figura 6.4.

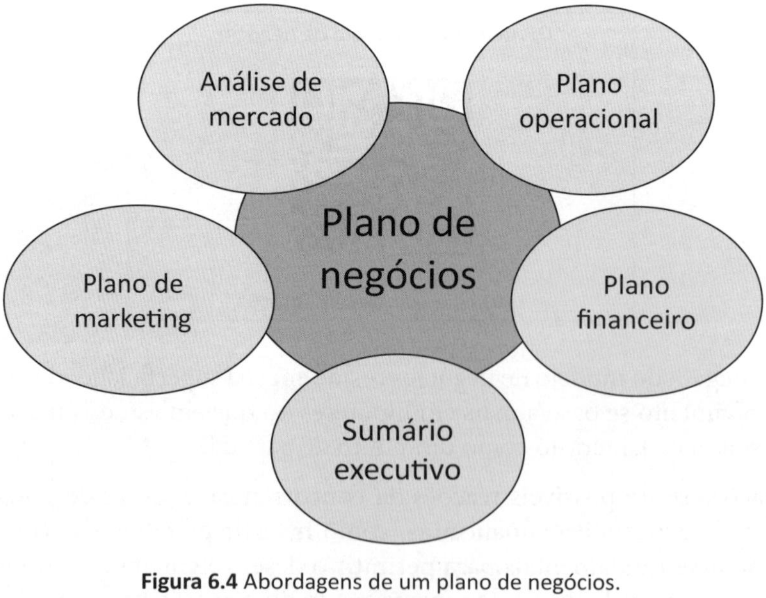

Figura 6.4 Abordagens de um plano de negócios.

6.2.1 ANÁLISE DE MERCADO

Prospecção do ambiente de negócios para compreender necessidades e expectativas do público-alvo, identificar os melhores fornecedores, conhecer a concorrência e analisar os pontos fortes e fracos do potencial negócio. Esse conhecimento leva à avaliação da real atratividade do mercado e constitui a base para a definição de estratégias a serem construídas.

O estudo dos clientes torna possível definir planos de ação mais adequados para o mercado pretendido, envolvendo características como faixa etária, gênero, classe social, escolaridade, localização e tamanho da família.

Esse conhecimento dos segmentos de mercado precisa ser completado com a obtenção de informações sobre o número de clientes, a necessidade e a frequência com que adquirem o serviço/produto a ser ofertado, onde fazem isso atualmente, quanto se dispõem a pagar, os motivos que os atraem (preço, marca, qualidade, entre outros) e seu poder de negociação.

O estudo dos concorrentes permite conhecer como eles competem e seu histórico de reações e retaliações a um novo entrante. Tanto quanto possível, devem ser considerados também outros potenciais entrantes, bem como as chances de surgimento de produtos e serviços substitutos.

Uma das táticas utilizadas para a coleta dessas informações é o chamado cliente fictício, que visita e observa os estabelecimentos que oferecem produtos/serviços semelhantes, entendendo melhor a experiência dos compradores nesses lugares.

Essa tática possibilita observar os pontos fortes e fracos dos concorrentes, bem como seus diferenciais. Esses aspectos devem ser visualizados na qualidade dos produtos, localização do estabelecimento, preço, condições de pagamento, atendimento e serviços prestados.

Além do cliente fictício, existem inúmeras ferramentas tecnológicas para levantamentos em sites da internet e nas redes sociais.

Já o estudo de fornecedores tem início com o levantamento das empresas que poderão suprir o novo empreendimento de equipamentos, matérias-primas e serviços, devendo ter clareza sobre todos os recursos que precisarão ser adquiridos, como máquinas, utensílios, insumos e embalagens de produtos. O principal objetivo da avaliação dos fornecedores é minimizar o risco de provimento em desacordo com a qualidade, preços e prazos pactuados, principalmente nos suprimentos de aplicação contínua.

Os elementos recomendados para uso na avaliação dos fornecedores são a qualificação técnica, a estabilidade financeira (pesquisas de possíveis restrições por meio do CNPJ) e desempenho operacional – qualidade do produto ou serviço, pontualidade, satisfação de seus clientes, o que em muitos casos pode ser encontrado em sites da internet. Se possível, a avaliação deve estender-se ao levantamento das práticas de gestão, inclusive quanto à possibilidade de aplicação de *just-in-time*. Procedimentos comerciais também compõem o estudo dos provedores, como descontos em função da quantidade adquirida e possíveis formas de pagamentos. Por último, é importante considerar as ameaças que o fornecedor pode vir a representar para o empreendimento, principalmente em função de seu poder de negociação e da possibilidade de integração para frente.

Os estudos de mercado devem ser seguidos de autoanálise do potencial empreendimento, identificando seus pontos positivos e suas dificuldades, gerando planos de adequação. Para isso, a ferramenta SWOT, já apresentada no Elemento 2, mostra-se útil.

6.2.2 PLANO DE MARKETING

Apresentação da forma como o empreendimento atrairá seu público-alvo e de que maneira se relacionará com ele, definindo o nível de atendimento, divulgação e propaganda, sistema e meios de comunicação, podendo ser voltado a uma marca, a um produto específico ou a um serviço que será oferecido.

Um plano de marketing tem como principais objetivos:

- elevar a conhecimento da marca e seu prestígio junto ao mercado;
- atrair novos clientes, fidelizar os atuais e recuperar os perdidos;
- aumentar as vendas, o faturamento e a lucratividade do negócio; e
- divulgar ou apresentar produtos e serviços, novos ou não.

As variáveis a serem consideradas são baseadas nos 4P do marketing, largamente difundidos e utilizados.

- Produto: a definição do produto ou serviço a ser oferecido ao mercado é o coração de qualquer empreendimento e principal fator de construção da fidelidade dos clientes.
- Preço: é a definição do valor que será cobrado pelo bem ou serviço. Sua definição deve considerar os valores praticados no mercado pelos concorrentes e produtos ou serviços substitutos, a real capacidade financeira do consumidor em potencial e sua disposição para pagamento de preços-prêmio por diferenciais a serem oferecidos.
- Ponto: o bom ponto de venda poderá servir como diferencial. O cliente que se sente bem no espaço físico do empreendimento tem grandes chances de desenvolver fidelidade. Com o surgimento e crescimento do *e-commerce* a questão do ponto passou a ter conotações mais amplas. Sites de vendas que tenham navegação intuitiva e sejam repletos de informações sobre o produto e o vendedor vêm ganhando cada vez mais adeptos.
- Promoção: é um sinônimo de divulgação do produto. É indispensável para garantir que o consumidor veja o que a empresa oferece como primeira alternativa quando pensar em adquirir algo na categoria.

As ações envolvidas na elaboração de um plano de marketing são as seguintes:

- análise de ambiente;
- definição do público-alvo;
- definição do posicionamento de mercado;

- definição da marca;
- definição dos objetivos e metas;
- definição das ações de promoção;
- definição de período e local das ações de promoção;
- definição de quem realizará as ações;
- estimativa de custos envolvidos;
- avaliação dos resultados obtidos e retenção do aprendizado.

6.2.3 PLANO OPERACIONAL

Estabelecimento do arranjo dos processos em todas as áreas da empresa, por meio da definição das metas a serem atingidas e dos passos a serem seguidos para sua consecução. Engloba os processos necessários à produção do bem ou prestação do serviço, equipamentos e materiais requeridos, pessoal, instalações, logística, administração, segurança, estoques, questões ambientais, segurança, autorizações e prazos de execução.

Para esse plano, três recomendações devem ser consideradas. A primeira é a aplicação da ferramenta 5W2H (já abordada no Elemento 4 deste livro), apontada como a que apresenta a melhor resposta aos objetivos. A segunda é a necessidade de revisão periódica, a fim de corrigir eventuais equívocos e de incorporar melhorias. A terceira é a conveniência de elaborar planos de contingência que possam fazer frente a mudanças no ambiente de negócios.

6.2.4 PLANO FINANCEIRO

Definição das diretrizes para que o projeto se torne rentável, estabelecendo as ferramentas e ações de controle para garantir a saúde do caixa e o cumprimento das metas de curto, médio e longo prazos.

Todos os planos anteriores influenciarão as demandas financeiras do negócio potencial e deverão ser levados em consideração ao estimar os valores envolvidos no empreendimento: o capital necessário à implantação do empreendimento (CAPEX), as vendas e receitas, os custos fixos e variáveis (OPEX) e a necessidade de capital de giro.

O plano financeiro deverá envolver as seguintes projeções:

- investimento inicial;
- volume de produção, vendas e receitas;
- custos e despesas fixos e variáveis;
- lucro líquido;
- fluxo de caixa e capital de giro;
- valor presente líquido, retorno do investimento e taxa interna de retorno.

Essas estimativas possibilitam a definição de metas e a identificação de pontos críticos para o empreendimento que deverão ser objeto de ações específicas, como redução de custos e de capital de giro ou incremento de produção, vendas e receitas.

O plano financeiro deve considerar toda a vida do projeto, mas recomenda-se especial atenção para períodos de três a cinco anos, e será ainda mais robusto se forem considerados diferentes cenários (otimista, pessimista e mais provável).

6.2.5 SUMÁRIO EXECUTIVO

Apresentação sintética do plano de negócios, a oportunidade identificada, o produto ou serviço a ser oferecido, o potencial de mercado e os fatores importantes para o sucesso do empreendimento. Isso indica que sua elaboração deva ocorrer após a conclusão da análise de mercado e dos planos de marketing, operacional e financeiro.

Como o próprio nome define, o sumário executivo é preparado para apreciação da alta administração da empresa, de investidores e de instituições financeiras, devendo priorizar a objetividade, praticidade, transparência e credibilidade.

Algumas publicações sugerem que o sumário executivo deva ter de uma a três páginas, contendo as seguintes informações:

- O que é o negócio?
- Quais os principais produtos e/ou serviços?
- Quem serão seus principais clientes?
- Onde será localizada a empresa?
- Qual o montante de capital a ser investido?
- Qual será o faturamento mensal?
- Que lucro se espera obter do negócio?
- Em quanto tempo espera-se que o capital investido retorne?

A apresentação de projeções de resultados por meio de gráficos enriquece o sumário executivo pela facilidade de interpretação.

Não há garantias de que as expectativas e as projeções expressas em um plano de negócios irão realizar-se integralmente, mas é muito provável que uma análise ampla e bem fundamentada tenha maiores chances de retratar o futuro.

O QR Code 6B ilustra a elaboração de um plano de negócios. Embora o vídeo seja direcionado a empreendedores, seu conteúdo é perfeitamente aplicável pelos gestores.

QR Code 6B – Plano de negócios

http://livro.link/elementos6b

ELEMENTO 7

ELEMENTOS DE GESTÃO DE PROJETOS

7.1 CONTEXTUALIZAÇÃO E PRINCIPAIS DEFINIÇÕES

Existem alguns termos de uso tão corriqueiro que raramente paramos para pensar no que querem dizer. Projeto é um desses termos. Projeto de país, projeto artístico, projeto de vida, entre outros tantos projetos, são expressões ouvidas em nosso cotidiano. Até os treinadores de futebol entraram na onda de dizer que só iriam para um determinado time se pudessem implantar seu próprio "projeto".

Tal pluralidade de aplicações recomenda que a discussão do tema tenha início com a homogeneização de alguns conceitos e definições.

Segundo o Project Management Institute (PMI), um projeto é: "um empreendimento temporário, com objetivo de criar um produto, serviço ou resultado único (novo)".

Essa definição dá margem a diferentes entendimentos. Uma das interpretações possíveis e mais diretas é que quando as organizações decidem fazer algo que nunca fizeram antes dentro de um prazo predeterminado, tem-se um projeto.

A definição do PMI parte do pressuposto de que não existem dois projetos idênticos. Um projeto de fábrica padrão a ser implantado em duas cidades diferentes não dará resultados iguais. As pessoas serão diferentes, assim como o clima, a infraestrutura etc.

Outro ponto importante é que o projeto precisa ter começo, meio e fim – ainda que o resultado fique distante das expectativas.

A ISO foi mais longe: "projetos são processos complexos que consistem de um grupo de atividades coordenadas e controladas com datas para início e término, empreendidos para alcance de um objetivo conforme requisitos específicos, incluindo limitações de tempo, custo e recursos".

Apesar de não haver menção explícita em nenhuma das definições, projetos envolvem altos graus de risco. Pensando em algo simples como o projeto de uma casa, quantos riscos estão envolvidos?

Resumidamente, pode-se destacar as seguintes características dos projetos:

- possuem natureza única e grande potencial de mudanças;
- são temporários, requerendo um início e um fim bem definidos;
- demandam ações de planejamento, execução e controle;
- entregam produtos, serviços ou resultados exclusivos;
- permitem o desenvolvimento em etapas e continuidade por incremento com uma elaboração progressiva;
- são realizados por pessoas com formação educacional, maturidade profissional, realidade de vida e nível de compreensão diferentes;
- envolvem recursos limitados para sua execução;
- apresentam uma grande quantidade de riscos.

7.2 DEFINIÇÕES

Algumas definições importantes, utilizadas na área de projetos, podem colaborar para a compreensão deste tema:

- Escopo: o escopo de um projeto é o produto deste projeto, o objetivo final do projeto. Projetos com escopo obscuro tendem ao fracasso.
- Entregável (*deliverable*): para facilitar o trabalho de gerenciamento do projeto, o escopo total pode ser dividido em partes, desde que estas sejam tangíveis e mensuráveis. O somatório dos entregáveis deve ser igual ao escopo do projeto.
- Partes interessadas (*stakeholders*): são pessoas ou organizações afetadas direta ou indiretamente pelo projeto e seus resultados. Os funcionários de uma empresa que está empreendendo um projeto de um novo produto são partes interessadas, assim como o concorrente que pode ser impactado pelo lançamento deste produto.
- Restrições: são barreiras que delimitam as estratégias de execução de um determinado projeto. As restrições mais usuais são as de prazo e custos. As organizações têm prazos e custos limites para a execução dos projetos.
- Requisitos: são as características do produto do projeto e de seus entregáveis. O projeto de uma casa deve levar em conta uma série de requisitos.
- Premissas: são algumas condições que são admitidas como verdadeiras no início do planejamento de um projeto para que seja possível permitir um planejamento.

As definições estendem-se até o significado do que vem a ser um projeto de sucesso.

Segundo o PMI, um projeto de sucesso é aquele que entrega o escopo planejado atendendo aos prazos e custos estabelecidos e, mais importante, é aceito pelo cliente. Em outras palavras, um projeto de sucesso é aquele que cumpre exatamente o que prometeu.

Neste ponto, pode-se observar uma diferença importante entre o que as teorias da qualidade trazem e o que o gerenciamento de projetos preconiza. A ideia de encantar o cliente ou fazer mais do que o cliente espera é considerada má prática dentro do gerenciamento de projetos (se você está entregando mais escopo do que foi planejado, significa que o planejamento não foi bem feito).

Como era de se esperar, a parte da definição de um projeto de sucesso que é mais difícil de ser alcançada é o aceite do cliente. Para se ter o aceite do cliente, é necessário saber com detalhes o que o cliente quer exatamente. E o cliente poucas vezes sabe exatamente o que quer.

Só para se ter uma ideia, imagine a casa dos seus sonhos e tente colocar no papel tudo o que você quer que ela seja. Não se espante se você colocar características como espaçosa, arejada, ampla, clara, linda, entre tantas outras da mesma natureza. Faça o mesmo exercício depois de uma semana e veja se você continua querendo a mesma casa.

É parte do trabalho do escopo do gerenciamento de projetos traduzir uma expectativa, um sonho ou uma necessidade em algo palpável, possível de ser decomposto em partes menores e gerenciáveis e passível de ser planejado detalhadamente.

A identificação dessas expectativas leva à compreensão das motivações das organizações para executar projetos.

As empresas apresentam os mais diversos motivos para empreender novos projetos:

- oportunidades de mercado;
- estratégia organizacional;
- necessidades regulatórias;
- movimentos da concorrência;
- ampliações de capacidade;
- obsolescência do parque industrial;
- avanço tecnológico etc.

Projetos com objetivos diferentes terão perfis de gestão próprios e serão tratados pela organização de forma distinta. Aqueles que envolvem avanços tecnológicos e desenvolvimento de novos produtos ou processos tendem a gerar grandes expectativas e envolvimento da alta administração. São repletos de incertezas (mais do que o normal) e geralmente trazem consigo empolgação, elevado índice de palpites e grande risco de saída dos trilhos por desvio de escopo e custo planejados. Manter estes projetos alinhados é um trabalho árduo, que requer paciência, foco e atenção permanente da parte dos responsáveis por sua condução.

O mesmo não ocorre com projetos motivados por adequações à legislação ou assuntos regulatórios, que tendem a receber pouca atenção e recursos escassos. É o famoso mal necessário. Por não envolver expectativas de retorno financeiro para a empresa, esse tipo de trabalho tende a ter problemas de prazo, uma vez que os recursos humanos e financeiros necessários terão baixa disponibilidade.

Entender o tipo e as características dos projetos em que se está inserido é fundamental para conhecer as forças, as restrições e os riscos envolvidos e direcionar o planejamento, minimizando os riscos de insucesso.

Dados da PMSurvey, organização que coleta informações sobre o desempenho dos projetos no Brasil e em outros países da América Latina, mostram que mais da metade dos projetos não cumpre os custos ou prazos planejados (ou ambos), e mais de 30% não atingem a satisfação do cliente.

Dados da McKinsey sobre projetos conduzidos nos Estados Unidos no ano de 2015 mostram resultados muito semelhantes, com destaque (negativo) para os projetos do setor público norte-americano, no qual mais de 90% dos projetos falham no cumprimento de prazos ou custos.

Vale ressaltar que tanto a pesquisa da PMSurvey quanto a da McKinsey abordaram empresas que possuem sistemas, mesmo que não totalmente formalizados, de gestão de projetos. Se forem colocados nesse conjunto de insucessos os projetos conduzidos por pequenas e médias empresas ou por empreendedores individuais, as médias ficarão bem piores.

Entre os aspectos apontados como sendo preponderantes para o sucesso ou fracasso de um projeto, um se destaca: a comunicação. Esse aspecto também é apontado como a principal virtude ou defeito de um gerente de projetos por essas mesmas pesquisas.

Informações do PMI de 2018 (*Pulse of the Profession*) mostram que, em média, US$ 7,5 a cada US$ 100 investidos em projetos são perdidos por problemas de comunicação.

Problemas de comunicação podem atingir qualquer tipo de projeto. Em 2000, a NASA perdeu uma sonda de US$ 125 milhões por um problema de conversão de unidades. Duas equipes estavam trabalhando em lugares diferentes do mundo – uma trabalhando com o sistema métrico e outra com unidades inglesas. Uma equipe não repassou o projeto com a outra, e a sonda se desviou da rota completamente.

Os resultados das pesquisas mostram que também há uma crescente conscientização das corporações quanto à necessidade de haver processos formais de gestão de projetos como meio para a mitigação de riscos. No entanto, pelas características que serão vistas a seguir, é importante dizer que adotar um sistema de gestão de projetos não é a solução para todos os males, mas reduzirá a chance de que uma ideia ou conceito viável desenvolvido pela empresa deixe de gerar os resultados esperados por problemas de gestão.

Ideias ruins não se tornarão excelentes apenas pelo bom gerenciamento de sua implantação. Elas resultarão em produtos ou serviços também inadequados, mas entregues dentro do prazo, escopo e custos planejados.

7.3 TIPOS E PORTES DE PROJETOS

Assim como a motivação de um projeto pode afetar o modo como ele é visto pela organização e como ele deve ser gerenciado, o tipo e o porte do projeto impactam a forma de gerenciamento a ser aplicado.

Algumas classificações normalmente utilizadas para categorizar os projetos são:

- Classificação por porte da organização executora do projeto:
  - micro;
  - pequeno;
  - médio;
  - grande.
- Classificação por porte de projeto:
  - pequeno: investimento abaixo de R$ 5 milhões;
  - médio: investimento entre R$ 5 milhões e R$ 50 milhões;

   - grande: investimento entre R$ 50 milhões e R$ 500 milhões;
   - megaprojeto: investimento acima de R$ 500 milhões.
- Por tecnologia:
   - produto e processos conhecidos – domínio tecnológico;
   - produto inovador;
   - processo inovador;
   - produto e processo inovadores.
- Por área (indústria) atendida:
   - projetos industriais;
   - projetos de tecnologia da informação;
   - projetos do setor de serviços;
   - projetos sociais.
- Por tipo de restrição/foco do projeto:
   - projetos orientados a escopo;
   - projetos orientados a custos;
   - projetos orientados a tempo;
   - projetos orientados a qualidade.

Cada tipo de projeto levará a planejamentos diferentes e trará problemas e riscos próprios. Por mais que se tente transformar a gestão de projetos em uma receita de bolo, um dos mais importantes aspectos do trabalho de gerir projetos é adequar os processos e ferramentas ao tipo de projeto que será conduzido.

Megaprojetos pedirão estruturas de gestão muito mais robustas do que um projeto de pequeno porte. Projetos industriais envolvem um número de interfaces muito maior do que projetos de TI. Projetos de inovação envolvem muito mais riscos.

Ou seja, não há gestão de tamanho tal que atenda a todas as situações.

7.4 GESTÃO DE PROJETOS

A necessidade de se estabelecer algum tipo de planejamento ou organização para evitar a catástrofe de um projeto é bastante antiga. Sabe-se hoje que os egípcios tinham sistemas de planejamento bastante desenvolvidos para que fosse possível construir as pirâmides. A equipe de gestão tinha que lidar com um cliente com altíssimo poder, o faraó, que representava grande risco de mudança de escopo. É possível imaginar a consequência de erros no cronograma.

Há até uma passagem bíblica que aponta a necessidade de se gerenciar projetos: "Pois qual de vós, querendo edificar uma torre, não se assenta primeiro a fazer as contas dos gastos, para ver se tem com que acabar" (Lucas, 14:28).

O QR Code 7A apresenta vídeo ilustrativo sobre a história do gerenciamento de projetos, que está presente na trajetória humana há milênios.

QR Code 7A – Breve história do gerenciamento de projetos

http://livro.link/elementos7a

No entanto, a estruturação da gestão de projetos como uma disciplina deve muito à atuação do Project Management Institute (PMI), uma organização sem fins lucrativos que começou suas atividades em 1969 nos Estados Unidos com cinco colegas que trabalhavam com projetos e que se encontraram para jantar e trocar ideias e práticas sobre o trabalho. Deste jantar surgiu a ideia de criar uma organização que pudesse coletar e disseminar as melhores práticas em gestão de projetos pelo mundo.

A primeira reunião formal do PMI ocorreu no *campus* do Georgia Institute of Technology em 9 de outubro de 1969. O PMI conta hoje com mais de 500 mil associados e está presente em 250 localidades ao redor do mundo.

O QR Code 7B conduz ao vídeo de apresentação do Project Management Institute.

QR Code 7B – PMI

http://livro.link/elementos7b

Desde sua fundação, o grande objetivo do PMI é o de coletar e disseminar as melhores práticas em gestão de projetos por meio da contribuição de seus membros com experiências práticas. Essas experiências estão reunidas no *Project Management Body of Knowledge*, o PMBoK, editado pela primeira vez em 1996 e atualizado a cada quatro anos. Durante os quatro anos de vigência do PMBoK, são conduzidas reuniões com gerentes de projetos de todo o mundo para trabalhar na atualização seguinte. A ideia é manter os conceitos atualizados com o que se pratica no mercado naquele momento.

Outro papel importante do PMI foi o de definir claramente o papel do gerente de projetos. Basicamente, o gerente de projetos é a pessoa escolhida formalmente pela organização para atingir os objetivos do projeto.

Isso não significa dizer que o gerente de projetos é quem executa o projeto. Ele é o responsável por fazer todo o escopo do projeto acontecer dentro do prazo, custo e qualidade. Não é preciso dizer o quanto de comunicação isto demanda. Estudos do PMI indicam que mais de 80% do tempo desse profissional é gasto com comunicação.

Fazendo uma analogia, o gerente de projetos assemelha-se ao técnico de um time de futebol. Junto com a comissão técnica (a equipe de gerenciamento), ele planeja, busca jogadores para o time, programa os treinamentos, avalia os adversários, busca recursos com a diretoria, mas não joga. Gerenciar projetos é um trabalho extremamente desafiador e gratificante. Porém, exatamente como em um time de futebol, quando o projeto tem resultados ruins, o técnico costuma levar a culpa.

O QR Code 7C permite o acesso ao vídeo em que o personagem Dilbert, que satiriza as práticas organizacionais, está às voltas com um projeto fracassado.

QR Code 7C – Dilbert

http://livro.link/elementos7c

7.5 GRUPOS DE PROCESSOS E CONHECIMENTOS NECESSÁRIOS

O PMBoK dividiu todas as atividades a serem geridas pela equipe de projetos em processos. Na sétima edição do guia, são 49 processos divididos em grupos de processos e áreas do conhecimento. Cada processo descrito tem entradas (informações necessárias para início do processo), saídas (o que o processo entrega) e ferramentas e técnicas (como o processo pode ser conduzido).

É trabalho do gerente e sua equipe selecionar quais dos processos são aplicáveis aos seus projetos de acordo com o tipo, porte do projeto, estrutura organizacional e nível de maturidade da organização.

Os grupos de processos são:

1. Processos de iniciação (dois processos)
   - Abrem formalmente um projeto ou fase;
   - Estabelecem claramente o objetivo do projeto.

Destaque para:

- Desenvolvimento do termo de abertura de projeto: documento que formaliza o início de um projeto, registra os objetivos do trabalho, as premissas e restrições mais óbvias e define o gerente de projetos e sua autoridade. É um documento a ser preparado pelo alto nível hierárquico da organização.

2. Processos de planejamento (24 processos)

Têm o objetivo de detalhar o escopo do projeto, dividi-lo em pacotes gerenciáveis e traçar estratégias que mostrem como este escopo será cumprido em termos de:

- tempo;
- custos;
- qualidade;
- necessidade de recursos;
- riscos envolvidos;
- partes interessadas.

Destaque para:

- Coleta de requisitos: interação com o cliente para levantar e formalizar tudo o que se deseja do projeto de maneira objetiva.
- Montagem da estrutura analítica do projeto: documento que divide o escopo do projeto em partes menores (que chamamos de entregáveis) que possam ser gerenciadas e aprovadas pelo cliente.
- Desenvolvimento do plano de gerenciamento do projeto: documento que compila todo o planejamento do projeto.

3. Processos de execução (dez processos)

Têm como objetivo acompanhar a execução do projeto por parte do time de execução (colocação em prática do plano de projeto).

Destaque para:

- Gerenciamento das partes interessadas: equipe de gestão envolve as partes interessadas com o projeto para garantir engajamento.
- Gerenciamento das comunicações: equipe de projeto deve realizar a comunicação dos acontecimentos do projeto durante a execução de forma eficaz e assertiva.

4. Processos de monitoramento e controle (doze processos)

Têm o objetivo de coletar informações do processo, comparar com o que foi planejado e verificar se são necessárias correções de curso.

Destaque para:

- Aceitação do escopo: a cada entrega do projeto.
- Controle do escopo: a equipe de projeto verifica se o que está sendo produzido está de acordo com o planejado.
- Controle do tempo: a equipe de projeto verifica se o projeto está sendo conduzido de acordo com o prazo planejado.
- Controle dos custos: a equipe de projeto verifica se os custos do projeto estão sendo executados conforme o planejamento.

Caso haja desvios observados, a equipe de projeto deve atuar de modo a tentar corrigir o curso do projeto e colocá-lo novamente nos trilhos.

5. Processo de encerramento (um processo)

Tem o objetivo de registrar o aceite do produto do projeto por parte do cliente, registrar informações sobre o projeto e analisar aspectos positivos e negativos (lições aprendidas).

Destaque para:

- Desenvolvimento do termo de aceite formal do projeto: documento com validade jurídica que registra o aceite do projeto por parte do cliente.
- Desenvolvimento do registro de lições aprendidas: registro de pontos positivos e negativos e dados históricos sobre o projeto para uso em projetos futuros.

A relação entre esses cinco grupos de processos de gerenciamento de projetos é representada esquematicamente na Figura 7.1.

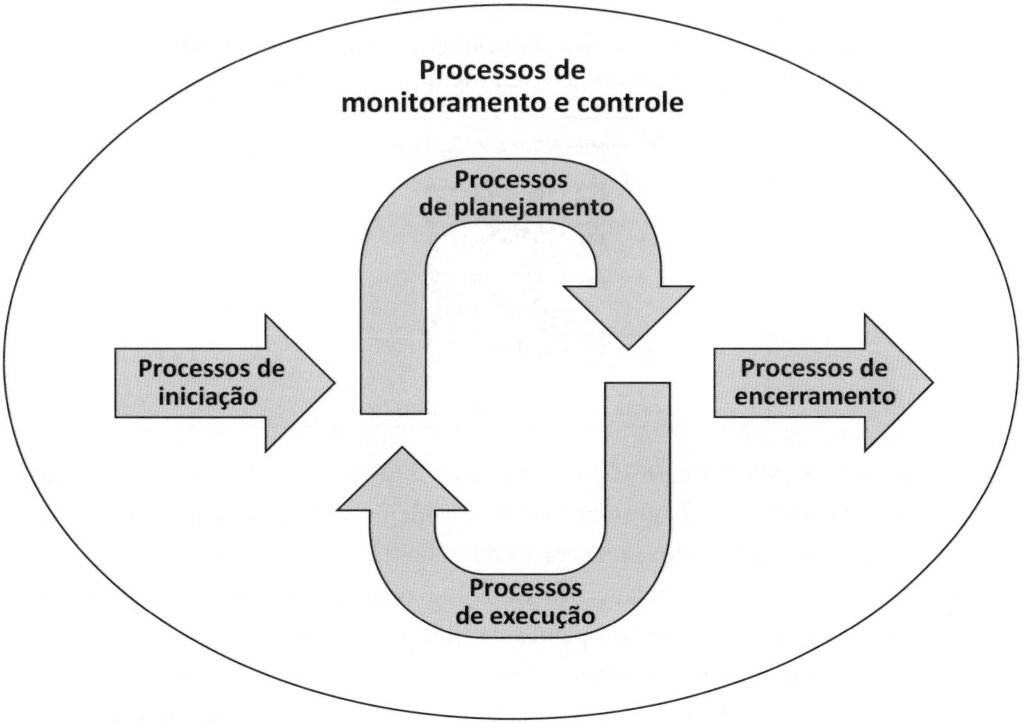

Figura 7.1 Grupos de processos de gerenciamento. Fonte: PMBoK (PMI, 2017).

Esses processos podem ser agrupados também por áreas do conhecimento em gerenciamento de projetos. Essas áreas são as dimensões do projeto a serem administradas pelo gerente e sua equipe:

- Gerenciamento do escopo: processos ligados ao detalhamento, produção e validação do produto do projeto.

O QR Code 7D ilustra as dificuldades do gerenciamento de escopo por meio de um caso real do século XVII, envolvendo a construção de navios de guerra para o reino da Suécia.

QR Code 7D – Caso WASA

http://livro.link/elementos7d

- Gerenciamento do tempo: processos que visam garantir que o escopo do projeto será entregue no prazo. É uma das áreas mais visíveis da gestão de projetos.

Cenas de um episódio da série *The Big Bang Theory* acessadas por meio do QR Code 7E ilustram as dificuldades do gerenciamento de projetos.

QR Code 7E – Big Bang Theory

http://livro.link/elementos7e

- Gerenciamento dos custos: processos que visam coletar informações detalhadas sobre os valores que serão empregados para atingir os objetivos do projeto e manter esses custos controlados no decorrer do trabalho.
- Gerenciamento da qualidade: processos cujo objetivo é garantir que o produto do projeto siga as características planejadas junto ao cliente.
- Gerenciamento dos riscos: processos cujo objetivo é identificar potenciais eventos que possam prejudicar ou beneficiar o projeto e prever ações a serem tomadas caso eles venham a ocorrer.
- Gerenciamento das comunicações: processos que visam garantir que todos os envolvidos estão recebendo informações corretas, com a linguagem correta, no tempo correto.

- Gerenciamento de recursos: garantir a mobilização e qualificação dos recursos do projeto para que estejam disponíveis de acordo com as necessidades de cronograma do projeto e respeitando as limitações de custos.
- Gerenciamento das aquisições do projeto: processos que visam gerenciar os itens e serviços a serem adquiridos pelo projeto.
- Gerenciamento das partes interessadas: processos que visam identificar as partes interessadas do projeto e gerenciar o envolvimento destes com o projeto.
- Gerenciamento da integração: processos que visam compilar as informações e dados do projeto e, principalmente, controlar o fluxo de mudanças do projeto.

Todas essa áreas de conhecimento e atuação envolvidas no gerenciamento de projetos são representadas na Figura 7.2.

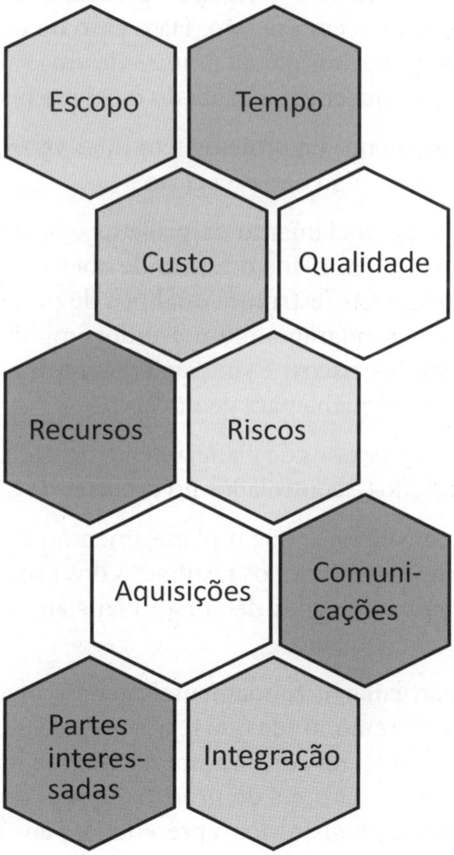

Figura 7.2 As dez áreas de gerenciamento de projetos.

É necessário ter em mente que esse é um campo vasto. São 49 processos, com suas entradas, saídas, ferramentas e técnicas, além de inúmeros *templates* de documentos disponíveis na internet, o que pode levar à desorientação dentro de um oceano documental e à conclusão de que a gestão de projetos não passa de burocracia pura.

Um mapa com todos esses processos pode ser encontrado no canal do YouTube do professor Ricardo Vargas, acessível pelo QR Code 7F.

QR Code 7F – Processos de gestão de projetos

http://livro.link/elementos7f

Não é incomum encontrar empresas que compraram sistemas complexos e caros de gerenciamento em que a equipe é obrigada a preencher pilhas de formulários que sequer são aplicáveis ao projeto em questão. Há o caso de uma grande indústria farmacêutica que usou os 49 processos para a pintura de uma sala de escritório. Deve ter levado mais tempo para preencher a papelada do que para pintar a sala.

Se a equipe de gerenciamento de projetos tem duas vezes mais recursos do que a que está executando o projeto, algo não está certo.

O mais importante do gerenciamento de projetos é o domínio dos conceitos e o bom senso. Muitas vezes, ter em mãos o termo de abertura de projeto, o desdobramento do escopo em entregáveis (estrutura analítica de projeto), o levantamento dos custos por entregável, um cronograma e um estudo simplificado de riscos (levantamento e plano de resposta aos riscos) é suficiente para um projeto de pequeno porte que conta com uma equipe pequena para gerenciá-lo.

Estamos falando de seis processos de planejamento de 24 disponíveis. São estes mesmos itens a serem monitorados e controlados no decorrer da execução dos trabalhos.

Ponto importante a considerar é que o planejamento necessita ter natureza iterativa, devendo ser retroalimentado com os resultados dos processos de monitoramento e controle de modo a gerar correções de curso. Planejamentos estáticos são ótimas formas de perder tempo em equipe.

O último fator de particular e fundamental atenção refere-se à forma de gerir mudanças. Elas sempre ocorrerão, ainda que sejam pequenas. Mudanças podem acontecer por solicitação do cliente, da corporação, do gerente, da equipe e até de partes interessadas mais distantes do dia a dia do projeto. É papel do time de projetos entender os impactos da mudança, registrá-los, apresentá-los aos tomadores de decisão e, se necessário, replanejar. Aceitar mudanças sem saber os impactos que provocarão poderá levar à ruína de um projeto. Rejeitá-las sem argumento será inaceitável.

A área de gerenciamento de projetos está em franca expansão, na medida em que as empresas – mesmo as de pequeno porte – entenderam que não é possível conduzir projetos sem um mínimo de planejamento e controle.

Os QR Codes 7G, 7H e 7I levam a *templates* baseados nas boas práticas do PMBoK sobre, respectivamente, termo de abertura de projeto, declaração de escopo de projeto e formulário de solicitação de mudanças.

QR Code 7G – Termo de abertura do projeto	**QR Code 7H** – Declaração de escopo do projeto
http://livro.link/elementos7g	http://livro.link/elementos7h

QR Code 7I – Formulário de solicitação de mudanças

http://livro.link/elementos7i

ELEMENTO ESPECIAL

A PESSOA POR TRÁS DO GESTOR

Esta publicação é dedicada aos profissionais que enfrentam (ou enfrentarão) um dos momentos de maior desafio de suas vidas.

É certo que do gestor se esperará, mais que comprometimento, dedicação quase integral. Os temas organizacionais acabam por tomar a maior parte do tempo, mesmo quando o profissional está fora do período de trabalho.

Seu descanso e convívio social e familiar tendem a ser prejudicados de alguma forma. Não se discute aqui se essa condição está ou não correta. Há apenas o reconhecimento de que isso é um fato que tem grandes chances de tornar-se cada vez mais marcante para qualquer gestor, jovem ou experiente.

A questão passa a ser a dosagem de energia para as demandas do trabalho e as necessidades físicas, mentais e espirituais do profissional.

Não é a busca por mais tempo para si, mas como dedicar a disponibilidade possível da melhor forma: ter momentos compartilhados com a família, praticar esportes, fazer meditação, dedicar-se a coisas que tragam prazer, cuidar de si mesmo e aproveitar sua própria companhia.

O equilíbrio entre a dedicação ao trabalho e o aproveitamento da vida é a ferramenta mais importante para tornar-se uma pessoa melhor e um gestor realizado e reconhecido.

Sucesso!

Referências

ARANTES, N. *Sistemas de gestão empresarial*. São Paulo: Atlas, 1998.

CAMPO, V. F. *TQC: controle da qualidade total*. 4. ed. Belo Horizonte: Fundação Christiano Ottoni, 1992.

COLLINS, J. C.; PORRAS, J. I. *Feitas para durar*. 9. ed. São Paulo: Rocco, 2015.

DEMING, W. E. *Qualidade: a revolução da administração*. São Paulo: Marques Saraiva, 1992.

DRUCKER, P. F. *Introdução à administração*. 3. ed. São Paulo: Pioneira, 1998.

FUNDAÇÃO NACIONAL DA QUALIDADE (FNQ). *MEG 21 – Guia de referência da gestão para a excelência*. 21. ed. São Paulo: FNQ, 2019.

GIBSON, R. *Repensando o futuro*. São Paulo: Makron Books, 1998.

HAME, G.; PRAHALAD, C. K. *Competindo pelo futuro*. Rio de Janeiro: Campus, 1994.

KAPLAN, R. S.; NORTON, D. P. *The balanced scorecard*. Boston: Harvard Business School Press, 1996.

KOUZES, J. M.; POSNER, B. Z. *O desafio da liderança*. 6. ed. Rio de Janeiro: Alta Books, 2018.

MACHADO, M. *A evolução do conceito de liderança*. [s.l.]: 2012. Disponível em: https://administradores.com.br/artigos/a-evolucao-do-conceito-de-lideranca. Acesso em: 20 jun. 2020.

MANAGER'S toolkit. Boston: Harvard Business School Publishing Corporation, 2004. (The Harvard Business Essentials Series)

MELLAGI, A. F. *Curso básico de finanças*. São Paulo: Atlas, 2003.

PORTER, M. E. *Vantagem competitiva*. 7. ed. Rio de Janeiro: Campus, 1985.

______. *What is strategy? Harvard Business Review*, v. 74, n. 6, p. 61-78, nov.-dez. 1996.

______. *Estratégia competitiva*. 8. ed. Rio de Janeiro: Campus, 1980.

PROJECT MANAGEMENT INSTITUTE (PMI). *A guide to the project management body of knowledge (PMBOK Guide)*. 6. ed. Newton Square: Project Management Institute, 2017.

SHAN, J. K.; GOVINDARAJAN, V. *Gestão estratégica de custos*. Rio de Janeiro: Campus, 1993.

WELCH, J.; WELCH, S. *Paixão por vencer*. Rio de Janeiro: Campus/Elsevier, 2005.

GOLDRATT, E. M.; COX, J. *A meta*: um processo de aprimoramento contínuo. São Paulo: Educator, 1995.